가슴높이로 공을 던져라

1

가슴높이로 공을 던져라 1

초판 1쇄 발행_ 2013년 10월 10일
초판 2쇄 발행_ 2014년 2월 20일

지은이_ 황보태조
펴낸이_ 이성수
주간_ 박상두
편집_ 황영선, 이홍우, 박현지
본문디자인_ 이세영
마케팅_ 이현숙, 이경은
제작_ 박홍준
인쇄_ 천광인쇄

펴낸곳_ 올림
주소_ 110-999 서울시 종로구 신문로1가 163 광화문오피시아 1810호
등록_ 2000년 3월 30일 제300-2000-192호(구:제20-183호)
전화_ 02-720-3131
팩스_ 02-720-3191
이메일_ pom4u@naver.com
홈페이지_ www.ollim.com

값_ 13,000원
ISBN 978-89-93027-48-8 04370
     978-89-93027-47-1(전 2권)

Copyright ⓒ 2013 황보태조

※ 이 책은 올림이 저작권자와의 계약에 따라 발행한 것이므로
   본사의 허락 없이는 어떠한 형태나 수단으로도 이 책의 내용을 이용하지 못합니다.
※ 잘못된 책은 구입하신 서점에서 바꿔드립니다.

이 도서의 국립중앙도서관 출판시도서목록(CIP)은 서지정보유통지원시스템 홈페이지(http://www.seoji.nl.go.kr)와 국가자료공동목록시스템(http://www.nl.go.kr/kolisnet)에서 이용하실 수 있습니다. (CIP제어번호 : CIP2013019022)

5남매 수재로 키운 포항 농부의 자녀 교육 이야기

가슴높이로 공을 던져라 1

황보태조 지음

알리는 말씀

．
．
．

이 글은 지은이 황보태조 씨의 육필이요, 육성입니다.

시 쓰는 것이 취미인 지은이의 글 자체가

물 흐르듯 자연스러울 뿐 아니라

생생하고도 독특한 그의 체험과 생각을

있는 그대로 전달하기 위해

사투리와 맞춤법 등을 제외하고는

조금도 더하거나 빼지 않았음을 밝힙니다.

올림 편집실

아이들 공부 때문에 자나깨나 걱정을 하면서도

정작 아이들을 위해 하는 일이라고는

끊임없이 잔소리하고 학원 보내고 과외 시키는 것이 전부지만

사실은 자신보다 아이들을 더 사랑하는 이 땅의 부모들과

그런 부모 때문에 날마다 상처받는 아이들에게

조금이라도 도움이 되기를 기원하며

개정판
머리말

나는 청개구리 아빠

나의 어린 시절은 우울했습니다. 가정도 학교도 내게 도움이 되지 못했습니다. 어린 나에게 학교는 무서운 곳이었고, 선생님은 무섭기만 한 분이었습니다. 나는 사실 초등학교 시절 내내 선생님을 똑바로 쳐다보면서 내 의사를 발표해 본 기억이 없습니다. 항상 선생님이 무서워서 주눅 든 음성으로 고개를 숙인 채 묻는 말에나 겨우 대답하는 정도였습니다.

지금 생각해 보니 내가 그렇게 된 것은 순전히 취학 전의 '사전 교육(?)' 때문이었습니다. 학교에 들어가서 선생님을 만나기도 전에 내 머릿속에는 학교란 말 안 듣는 아이들을 때리는 무서운 선생님들로 가득한 곳이라는 생각이 자리 잡고 있었던 것입니다.

나는 어린 시절의 이런 경험 때문에 우리 아이들이 학교에 들어가기 전부터 학교란 무서운 곳이 아니라 즐거운 곳이라는 생각을 심어 주려고 노력했습니다. 모든 공부를 '놀이'로 바꿔 아이들이 부담없이 공부할 수 있도록 도와주었고, 책을 가까이하도록 도와주었으며, 칭찬이라는 거름을 아낌없이 듬뿍 주었습니다. 그리고 어린 시절 의지할 만한 어른이 없었다는 뼈아픈 기억 때문에 자상한 아빠가 되려고 노력했습니다. 아이들이 아빠에게 거리감을 갖지 않도록, 아빠라기보다는 친구처럼 가깝게 느낄 수 있도록 애를 썼습니다. 아버지라는 사람이 채신머리없이 아이들과 그렇게 가깝게 지내면 어떻게 하느냐는 웃어른들의 꾸지람을 듣기도 했지만, 그래도 나의 '올챙이 시절'을 생각하며 계속 아이들과 친하게 지냈습니다.

우연한 계기에 자녀 교육에 대한 강연을 하게 된 것이 소문이 퍼져서 신문과 잡지, 방송 등에 소개되었고, 그 후 《꿩 새끼를 몰며 크는 아이들》이라는 책을 내서 많은 독자들로부터 과분한 사랑을 받았습니다. 책을 낸 이후 또다시 여러 차례 언론에 소개되었고, 전국 각지의 학교·교육청·유치원·검찰청·지방자치단체 등 여러 기관의 요청으로 수백 회 강연을 하기도 했습니다.

《꿩 새끼를 몰며 크는 아이들》을 낸 지가 벌써 10년이 훌쩍 넘었습니다. 지난 10여 년간 강연 등을 통해 많은 사람들을 만났고, 그들과의 대화를 통해 새로운 깨달음을 얻기도 했습니다.

5남매를 기를 때 활용했던 나의 자녀 교육 방법을 손주들에게 적용하여 효과를 보았을 때에는 매우 기쁘기도 했고, 나의 방법이 잘못된 것이 아니라는 확신을 갖게 되기도 했습니다. 이런 이야기들을 모아 이번에 새로 《가슴높이로 공을 던져라 2》를 출간하게 되었고, 새 책을 내는 김에 《꿩 새끼를 몰며 크는 아이들》의 내용을 일부 고치고 보완하여 《가슴높이로 공을 던져라 1》로 제목을 바꾸어 내게 되었습니다.

청개구리 우화가 있습니다. 나의 일생을 돌아보면 나 자신도 한 마리 청개구리가 아니었나 생각이 듭니다. 나는 혼자 어렵게 나를 키워 주신 어머님의 말씀을 잘 듣지 않았습니다.

지난밤에도 고등학교 때 꿈을 꿨습니다. 고등학교 1학년 1학기도 마치지 못하고 학교를 그만두었고, 어렵게 다시 입시를 치르고 다른 학교에 입학을 했지만 그곳에서도 2학년을 다 마치지 못했습니다.

나의 이런 지난날은 평생을 계속 꾸어 온 꿈이 되었습니다. 어떤 때는 고등학교를 중퇴했던 그때 일이 생생하게 재현되는가 하면, 어떤 경우는 좋은 성적으로 고등학교를 졸업하고 원하는 대학에 입학해서 다니기도 했습니다. 하지만 꿈을 깼을 때의 허전함은 언제나 같았습니다.

어느 때는 지금이라도 다시 고등학교에 들어가 남은 학기를 마치고 더 이상 이런 꿈은 꾸지 않았으면 좋겠다고 생각한 적도 있습니다. 이런 후회스러운 과거 때문에 자녀 교육에 남다른 관심과 애정을 쏟았는지도 모르겠습니다.

이제 70을 바라보는 나이에 후회한들 무슨 소용이 있겠습니까. 젊은 날 학업에 충실하며 학창 시절을 보람 있게 보내는 것이 얼마나 사람으로 하여금 자긍심을 갖고 살게 해 주는지, 아마 나처럼 후회스러운 경험을 해 보지 않은 사람은 알 수 없을 것입니다.

이런 나의 청개구리 경험은 우리 아이들을 키우는 데 스스로 내게 치는 매질이 되었습니다.

이 책을 읽는 모든 분들에게 나의 이런 경험들이 조금이나마 도움이 되었으면 합니다.

포항 구룡포에서

황보태조

초판
머리말

내가 책을 내다니 이건 정말 우연이었다.

어느 날, 초등학교 후배 한 분과 이런저런 한담을 나누던 중에 자기가 간사로 활동하고 있는 작은 모임에 와서 자녀 교육에 관한 나의 경험을 이야기해 줄 수 있겠느냐는 제안을 받고 아무 생각 없이 "할 수 있지"라고 승낙한 것이 화근(?)이 되어 여기까지 이른 것이다. 사람이 살다 보면 대수롭지 않은 일이 커지는 경우가 있다더니, 이를 두고 한 말 같다.

나는 5남매의 아버지다. 26년을 줄곧 농사만 지어 생계를 꾸려가는 지극히 평범한 농부가 무슨 여력으로 남 앞에 나서서 강연까지 할 수 있겠는가. 그 후배가 인사치레로 한 말에 그냥 고개를 끄덕인 죄로 나는 졸지에 연사가 되었다.

강연 내용은 5남매를 키운 경험과 자녀 교육에 대한 내 나름대로의 믿음을 이야기한 것이었다. 쏟아지는 질문에 답하다 보니 1시간 예정이었던 강연이 3시간으로 늘어났는데도 한 사람도 자리를 뜨지 않고 내 이야기를 들어 주는 것이 그저 고마울 뿐이었다.

이 소문이 여기저기 알려져 급기야는 소읍 구룡포에서 벗어나 대도시에까지 진출, 강연을 하게 되었다. 이것이 이곳 지방지 여러 곳과 중앙지에까지 나게 되면서 나는 일약 유명한 사람이 되어버렸고 방송에도 출연하게 되었다. 또 여러 출판사에서 내 경험을 책으로 내 보자는 요청이 들어왔다. 평생을 땅만 파다 생을 마감할 줄로만 알았던 시골 사람이 한 권의 책을 쓰게 되다니……. 글을 다 쓰고 머리말을 쓰는 이 순간도 이게 잘하는 일인지 분간이 가지 않는다.

이 책은 그간 몇 차례의 강연을 하면서 모아 둔 내용과 농사일을 하며 틈틈이 쓴 글들을 모아 쓴 것인데, 주로 나의 어린 시절의 이야기와 5남매를 기르면서 경험한 내용들이다.

자기 자신에 대하여 솔직히 되돌아볼 수만 있다면 자식을 교육하는 데 도움이 되리라 생각한다. 그래서 쉰을 넘어 예순을 바라보는 나이에 여기 먼저 나의 어릴 적 일을 실음으로써 독자 여러분과 자식 교육을 다시 생각해 보고자 하였다. 아무쪼록 촌부의 우직한 생각이라 말고 편안하게 읽어 주기 바란다.

2001년 1월

황보태조

차례

개정판 머리말_ 나는 청개구리 아빠 … 6
초판 머리말 … 11
들어가는 글_ 가슴높이로 공을 던져라 … 19

우울했던 나의 올챙이 시절
자녀 교육의 바탕이 된 어린 시절의 경험

내 고향 구룡포 25   올챙이 시절을 돌아보다 28   준비 없는 가식 31
잊지 못할 국어 선생님 36   파도에 휩쓸린 학창 시절 43

2
희망이라는 이름의 마술
다섯 남매의 행복한 공부 놀이

희망이라는 이름의 마술 55   가난했지만 행복했던 서울 시절 63   달동네의 어린 화가들 67   놀면서 글자 깨치기 74   학교 놀이, 구구단 놀이 80   아빠와 함께 하는 즐거운 통학길 86   아이들이 어째 그리 공부를 잘하는교? 89   딸자식 많은 집안에 하나 아들 버린다? 92   딸 넷은 됐는데 막내아들은… 97   험난했던 막내의 한글 깨치기 102   아빠, 좀 잔인하지 않아요? 106   공룡과 함께 크는 아이들 113

3
수학은 골치 아프고 영어는 부담스럽다?
영어·수학 기초 닦아 주기

수학은 생각만 해도 골치가 아프다? 119   케이 아이 에스 에스가 뭐지? 126

4
책 읽기도 가슴높이로
5남매 책을 즐기게 만든 '평범한' 비법

책 사러 가는 날은 나의 휴일 135   책 읽기도 가슴높이로 141

5
오늘은 익히고 내일은 잊어버려라
부담 없이 한자 익히기

친구들 이름은 저절로 외워진다 151   아시갈이와 재벌갈이 160
오늘은 익히고 내일은 잊어버려라 168

6
말 가르치듯이 했지요
공부를 즐기게 하는 법

소는 앞세워 몰아라 179 말 가르치듯이 행복하게 182 공부는 알사탕 같구나! 187 아들에게 쓰는 편지 190 아들과 함께 쓰는 시 195 복습이 동전이면 예습은 금화다 200 아시밭은 대강 맨다 204 숙제는 아이들 수준에 맞게 208

7
꿩 새끼를 몰며 크는 아이들
눈높이가 아니라 가슴높이에 맞춰야 하는 까닭

꿩 새끼를 몰며 크는 아이들 213 황보 선생님, 너무 유치해요 221 제발, 최선을 다하라고 하지 말자 226

8 농사와 자식 농사

농사를 지으며 깨달은 것들

모종 농사가 반농사다 231   배추꽃은 왜 봄에 피는가 236   농사는 정성, 교육도 정성 239   토마토의 모성애 242

추천의 말_ 놀라운 '가슴높이' 자녀 교육법 조석희(미국 세인트존스대학 교수)   245

들어가는 글

가슴높이로 공을 던져라

우리 부부가 다투는 이유는 대부분 아이들 교육 문제 때문입니다. 오래전 설날이었습니다. 아침나절에 북적대던 일가친척들이 다 떠나고 좀 한가할 때였습니다. 아이들은 이 방 저 방에서 잠을 청하기도 하고, 어떤 아이는 아직도 무엇이 부족한지 이 사람 저 사람한테 칭얼대기도 했습니다. 나 역시 무료한 시간이었습니다.

그런데 이 한가한 시간이 항상 문제입니다. 아이들이 칭얼대자 곧 나의 원칙주의(?)가 발동했습니다. "도대체 무엇이 부족해서 오늘같이 좋은 날 이런 못된 소리를 내느냐"며 고함 소리가 난 것입니다. 뒤이어 아내의 반격이 시작되었습니다. "왜 큰소리를 치느냐"는 것이었습니다.

이렇게 시작된 싸움이 점점 커지면서 나의 고함 소리 역시 점점 커졌습니다. 그러자 어머니가 중재에 나서며 야단을 치셨습니다. 우리 집은 보통 이렇게 싸움이 파합니다.

나는 분한(?) 마음을 진정시킬 겸(정초에 무리라는 생각도 들어) 밖으로 나왔습니다. 밖에 나와 보니 설날인데도 그렇게 추운 날은 아니었습니다. 조금 따뜻하다는 느낌이 들 정도의 화창한 날이었습니다. 여기저기 평소에는 보지 못하던 낯선 아이들도 보였습니다.

나는 그냥 기분 내키는 대로 동네 입구를 나섰습니다. 동네라야 십여 호뿐이고 입구라고 해 봐야 집에서 수백 미터도 안 되는 거리지만, 그래도 명절이라 여기저기 한복을 곱게 입은 사람들이 보였습니다. 한 무리의 아이들이 동네 앞 논에서 야구 놀이를 하는 모습도 보였습니다. 형제 많은 집의 사촌, 육촌들인 것 같았습니다. 꼭 두 팀이 되는 것은 아니었지만 제법 어울리는 팀이었습니다. 어디서 가져왔는지 번들번들한 야구 방망이는 아이들의 운동 끼를 자극하기에 충분했고, 아직 벼 포기가 그대로 있는 논바닥은 야구 경기의 재미를 더해 주었습니다.

나는 한참이나 논둑에서 그 광경을 재미나게 바라보다가 아직 그 팀에 끼지 못한 어린아이가 제 아버지와 멀리서 공놀이하는 모습으로 눈길을 옮겼습니다.

서너 살 되어 보이는 여자아이로 아버지는 우리 동네 사람의 사위인 듯했습니다. 그 사람은 나를 잘 모르기 때문인지 그냥 눈인사만 하고 놀이를 계속했습니다. 그런데 그들이 갖고 있는 공은 공도 아니었습니다. 말랑말랑한 것이, 풍선보다는 조금 단단한 그런 공이었습니다. 아무리 세게 맞아도 조금도 아프지 않을 부드러운 공이었습니다.

그 공을 아버지가 어린 딸아이에게 던질라치면 딸아이는 귀여운 두 손을 가슴에 모으면서 아빠에게 던져도 좋다는 포즈를 취하는 것이었습니다. 사진기라도 있다면 찍어두고 싶은 광경이었습니다. 아이는 아버지가 공을 던지면 잘 받지는 못했습니다. 그러나 어쩌다 받게 되면 아빠와 딸 모두 무척이나 좋아했습니다. 입을 함박만 하게 벌리며 웃는 아이의 모습은 귀여움 그 자체였습니다.

아빠가 좀 세게 던지겠다는 포즈를 취하면 눈을 질끈 감은 채 두 손을 가슴에 모아 받으려고 하는 모습이 정말 재미있었습니다. 그러면 아빠는 풍선처럼 부드러운 공을 그 작은 가슴에 안겨 주듯이 살짝 던지곤 했습니다.

'그래, 그렇구나! 바로 저것이구나.' 나는 그제야 깨달은 것입니다.

'저것이 교육이구나. '가슴높이'로 던지는 것, 저것이 바로 교육이구나. 저렇게 부드럽게 아이의 가슴에 맞추어 시작하는 교육, 우리의 자녀들이 가슴으로 받아들일 수 있도록 부드럽게 공을 던져야 하는 것이구나. 너무 높거나 너무 딱딱하거나 너무 빨라서 아이들이 받지 못하는 공이라면 그것이 무슨 소용이 있겠는가.

저 아빠를 보라. 내 아이가 맞아 가슴 아파하는 공이라면 이 세상 어느 아빠도 던지려고 하지 않는다. 아이는 또 눈을 감아 버리는데……. 아직 어린 아이들에게 세계적인 야구선수처럼 그렇게 딱딱한 공으로, 그렇게 빠르게 던지면 살아남을 아이가 몇이나 있겠는가? 사망 아니면 중상을 면치 못하리라.

그러나 우리는 우리의 기대에 미치지 못한다는 이유로 얼마나 모진 말들을 내 아이들에게 던지는가. 오늘 아침도 마찬가지다. 오늘은 즐거운 명절 아닌가. 아이들이 칭얼대는 소리를 좀 여유를 두고 지켜볼 수도 있지 않았는가. 아이들이 좀 자란 후에도 곧은 말은 얼마든지 할 수 있지 않을까?'

그렇게 이런저런 생각을 하며 기분 전환을 하고 집에 돌아온 것은 한참 후였습니다.

아이들도 아빠의 기분을 알았는지 아주 말짱한 표정으로 "아빠 어디 갔다 왔어요?" 하면서 반갑게 맞아 주었습니다.

오래전 이야기지만 그간 내가 얼마나 이렇게 아이들을 교육하며 살아왔는가 돌이켜 보면 후회될 때가 더 많았음을 솔직히 고백하지 않을 수 없습니다.

1

우울했던 나의 올챙이 시절

자녀 교육의 바탕이 된 어린 시절의 경험

내 고향 구룡포

나는 1946년 음력 6월, 이곳 포항시 구룡포읍 눌태리라는 작은 산골 마을에서 태어났습니다. 구룡포는 한반도에서 해가 가장 먼저 뜬다는 호미곶이 시작되는 동해 바닷가에 자리 잡은 작은 항구지만, 눌태리라는 동네는 야트막한 산으로 둘러싸인 아늑한 마을로 읍내에서도 꽤 떨어진 한적한 시골입니다.

나는 구룡포초등학교를 나와 대구에서 중고등학교 시절을 보냈습니다. 그 후 몇 년 동안 객지 생활을 하다 나이 서른에 고향으로 돌아와 40년 가까이 줄곧 농사를 짓고 있습니다. 먹고살기 위해, 또 아이들 공부시키기 위해 열심히 일해 온 것이 전부라면 전부입니다.

내 어린 시절 이곳은 농토가 귀해 논 10마지기(1,500평)만 있으면 사람들이 부자라고 불렀습니다. 논 10여 마지기에 밭 1,000평 정도면 읍내에서 '눌태 부자 어른'이라고 할 정도로 아주 가난한 동네였습니다.

우리 집은 이런 동네에서도 가장 가난한 집으로, 젊은 시절 나에게 이곳은 뒤돌아볼 것도 없이 떠나야 하는 그런 곳이었습니다. 저 넓은 도회지로 나가 공부를 하든 돈을 벌든 해야지, 이곳에 남아 있어서는 아무런 희망도 없을 것 같았습니다. 그래서 나는 도시로 떠났습니다.

그러나 나는 결국 지친 몸을 이끌고 이곳에 돌아와 농사를 지으며 아내와 다섯 아이들, 그리고 어머니와 할머니를 모시고 용케도 살아왔습니다(13년 전 할머니께서 돌아가시기 전까지 우리 식구는 모두 아홉 명으로 요즘 보기 드문 대가족이었습니다).

고향은 내게 아름답기만 한 곳은 아니었습니다. 어린 시절에 겪은 이런저런 사건들 때문에 산과 들, 논밭마저도 두렵게만 느껴졌습니다. 그런데 한 해 두 해 살아가면서 고향은 차츰 내게 다른 모습으로 보이기 시작했습니다. 세월에 바랜 탓인지 옛날의 어두웠던 느낌들은 옅어지고 점점 정겹고 포근하게 다가왔습니다. 최근에는 어렸을 때에는 느껴 보지 못했던 아름다움마저 느껴지기 시작했습니다.

요즘에는 동네 야산에 꽃나무가 차츰 많아지고 있습니다. 옛날에는 소나무가 많아서 잡목이 잘 자라지 못해 지금처럼 꽃을 많이 볼 수 없었습니다. 그런데 소나무에 병이 돌아 벌채하고 난 후 잡목들이 기세를 부리는 바람에 이제는 동네 전체가 꽃나무로 둘러싸이게 되었습니다. 그래서 특히 봄은 내게 기다려지는 계절이 되었습니다.

구룡포 읍내에서 동네로 들어서면 온 산천이 꽃나무와 대나무로 병풍을 쳐 놓은 듯합니다. 특히 왼쪽 산들은 잘 그려진 이발소 그림 같은 느낌이 납니다.

대개 4월 초순이면 이 아름다움이 절정을 이루는데, 어떤 해는 더욱 화려하고 어떤 해는 좀 덜하기도 합니다. 어쩌다 거친 비바람 때문에 그 많은 꽃들이 고운 자태를 제대로 뽐내 보지도 못하고 떨어져 버릴 때에는 못내 아쉬운 마음으로 다음 해를 기다리곤 합니다.

올챙이 시절을 돌아보다

　　　　　　나의 아버지는 내가 태어난 지 석 달 만에 돌아가셨습니다. 나는 오랫동안 아버지의 낡은 증명사진 한 장을 가지고 다녔는데, 이것마저 잃어 버려 항상 아쉬운 마음을 가지고 있었습니다. 어린 시절 우리 가족은 할아버지, 할머니, 어머니, 고모 두 분, 삼촌, 나중에 시집오신 숙모, 나, 이렇게 여덟 명이었습니다.

　그런데 나는 할아버지가 별로 가깝게 느껴지지 않았습니다. 나는 원래부터 툭하면 잘 우는, 마음이 여리고 겁이 많은 아이였습니다. 지금도 생각하면 그때 의지가 될 만한 어른이 계셨더라면 어린 시절을 좀 더 밝게 보낼 수 있었을 텐데 하는 생각이 들 때가 많지만, 나의 가족 중에는 그런 사람이 없었습니다.

남이 보기에는 삼촌이 나에게 그런 분이었을지도 모릅니다. 그러나 삼촌 역시 할아버지와 다를 바 없었습니다. 힘이 세어 보였으나 내게 도움이 될 만한 사람으로 비치지는 않았습니다.

어머니 말씀으로는 우리 집안 남자들은 누구도 잔정이 없었다고 합니다. 그게 우리 '황보씨들의 내력'이라는 것입니다. 그런 말씀을 하시면서 꼭 "남자는 잔정이 많으면 못쓴다"는 한마디를 덧붙이셨습니다.

나에게 아버지의 존재는 너무나 오랫동안 비밀에 부쳐져 있었습니다. 아무도 아버지에 대해 나에게 이야기해 주는 사람이 없었기 때문입니다.

내가 어렸을 때 우리 집에는 우환이 많아 자주 굿을 했습니다. 그때 무당들의 입을 통해 아버지의 죽음에 관한 이야기를 조금씩 들으면서 어렴풋이 짐작할 뿐이었습니다.

자세한 내막을 알게 된 것은 내 나이 마흔이 넘어서였습니다. 아버지 산소에 가서 성묘를 마치고 난 후 작은아버지가 처음으로 내게 사실을 말씀해 주셨습니다.

무당들의 주 레퍼토리는 '억울하게 죽은 원혼이 구천을 떠돈다'는 것과 '이번 굿으로 인해 그 원혼이 극락왕생하게 된다'는 것이었습니다. 무당의 사설이 줄줄 흘러나오면 식구들은 그때마다 대성통곡을 했고, 나는 어린 마음에도 그저 한없이 슬퍼서 꽃으로 가득한 제단 앞에서 계속 절을 했습니다. 구경 온 사람들은 내가 눈물을 흘리면서 절을 하는 모습을 보고 따라 눈물을 흘리면서 제단 앞에 돈을 놓기도 했습니다.

이것이 내가 자라난 토양이었습니다. 아침에 모진 것을 보면 하루 종일 우울하고 저녁에 잠자리에 들어서도 뒤척이며 잠을 이루지 못하듯이, 내 인생의 새벽에 있었던 이런 기억들은 내가 어른이 된 지금도 때때로 나를 뒤척이게 합니다.

나는 의지할 만한 어른이 없었다는 어린 시절의 뼈아픈 기억 때문에 '황보씨의 내력'을 버리고 자상한 아빠가 되려고 노력했습니다. 아이들이 아빠에게 거리감을 갖지 않도록, 아빠라기보다는 친구처럼 가깝게 느낄 수 있도록 하려고 애썼습니다. 아버지라는 사람이 채신머리없이 아이들과 그렇게 가깝게 지내면 어떻게 하느냐는 웃어른들의 나무람을 듣기도 했지만, 나는 나의 '올챙이 시절'을 생각하며 계속 아이들과 친하게 지냈습니다.

준비 없는 가식

      농사에서 가식(假植)이란 모종을 정식(定植)하기 전 한두 번 옮겨 심는 것을 말합니다. 농부들은 가식에 따른 피해를 줄이기 위해 될 수 있는 한 뿌리를 상하지 않게 옮기려고 노력하며, 이식한 다음에는 충분한 수분을 공급하여 시들거나 말라 죽지 않게 합니다. 이식 피해가 심한 모종에는 하루 이틀 해가림을 해 주어 시드는 것을 막아 주기도 합니다. 이렇게 자란 모종은 본밭에 정식할 때 잔뿌리가 많아 활착이 잘되고 후기 생육도 왕성하여 소출이 많아집니다.

    인생에서도 이런 경우를 여러 번 겪게 됩니다. 특히 어릴 때 고향을 떠나 유학하는 아이들이 이와 같은 경험을 하는데, 나에게는 이 일이 처음부터 너무나 준비 없이 이루어졌습니다.

　나는 이곳 구룡포초등학교를 졸업하고 대구에 있는 계성중학교에 입학했습니다. 내가 계성중학교에 입학원서를 낸 것은 정말 계획에도 없는 일이었습니다. 사실 나는 초등학교도 졸업하지 못할 것으로 생각했습니다. 6학년 때 '사친회비'라는 것을 내지 못해서 장기 결석을 할 정도였으니 중학교에 진학한다는 것은 생각조차 할 수 없는 일이었습니다. 초등학교를 졸업하면 그저 지게나 지고 나무를 해다 나르는 아이로, 여름이면 꼴이나 지고 소를 먹이러 다니는 산골 아이로 살아갈 것이라 생각했습니다. 공부의 필요성이나 장래에 대한 희망 같은 것은 전혀 생각해 본 적도 없었습니다.

　희망이란 게 있다면 '비탈밭 대신 평지밭을 사서 수확한 곡식을 지게 대신 수레로 운반했으면' 하는 정도였고, 여름날 꼬부라져 베기가 까다로운 보리 대신 잘 눕지 않는 밀을 갈아 보리밥 대신 빵이나 실컷 먹었으면 좋겠다고 생각하는 게 고작이었습니다.

　그런데 졸업이 가까워 오고 친구들이 중학교 입학원서를 낼 무렵, 나는 좀 다른 생각을 하게 되었습니다. 내가 열 살 무렵 온데간데없이 집을 나가신 어머니가 대구에서 방직 회사에 다니고 계셨는데, 그사이 두어 번 집에 다녀가시기도 했고 약간의 돈도 보내 주셨습니다. 그래서 나는 대구라는 대도시에 무척 가 보고 싶었습니다. 어머니가 어떻게 살고 계시는지 몹시 궁금했기 때문입니다.

그래서 대구 계성중학교에 입학원서를 낸 것입니다(당시에는 중학교 입학도 시험을 치러야 했습니다). 나는 합격하리라는 기대는 전혀 하지 않았습니다. 그저 시험을 핑계로 대구 구경이나 실컷 하고 어머니도 만나자는 마음이었습니다.

원망스러운 영어 교과서

내가 중학교에 들어가서 가장 인상적이었던 것은 과목마다 선생님이 다르다는 것과 영어 공부였습니다.

내가 영어 글자를 처음 본 것은 초등학교 때였습니다. 칠판이 너무 낡아 덧칠을 할 때였는데, 교장 선생님이 칠판에 무엇인가를 쓰시고는 "잘 보이느냐?"고 물으셨습니다. 우리는 "이제 잘 보입니다" 하고 대답했지만, 도무지 알 수 없는 꼬부랑글자(지금 생각해 보면 필기체인 듯)를 보고 아주 신기해한 적이 있습니다.

중학교에 들어가자 바로 그 꼬부랑글자를 배운다는 것이었습니다. 꼬부랑글자만 있는 게 아니라 인쇄체라는 다른 글자가 있다는 것도 알게 되었습니다.

나는 처음부터 이 꼬부랑글자 쓰기가 아주 재미있었습니다. 담임 선생님이 영어 선생님이셨고, 나와 생년월일이 똑같고 우리 반에서 공부를 제일 잘했던 황경식이라는 내 짝꿍이 특히 영어를 잘했기 때문에 나는 그 친구와 영어 공부하기를 즐겼습니다.

당시 나의 영어 성적이 어떠했는지는 기억에 없습니다. 겨울방학이 되어 내가 집에 내려오자 가까운 친척 가운데에서 유일하게 고등학교를 졸업하신 당숙이 내 영어 실력을 테스트하신 적이 있습니다. 영어 교과서 뒷장에 기록된 단어를 보고 즉석에서 물어보셨는데, 나는 한 문제도 틀리지 않고 답했습니다. 그때 당숙의 말씀이 "그만하면 되었다"고 할 정도로 나는 영어에 열심이었습니다.

그런데 중학교 2학년이 되자 그렇게 재미있던 영어 공부가 갑자기 엄청난 부담으로 작용하기 시작했습니다. 나는 교과서를 원망했습니다. 중학교 1학년 때 교과서는 《Let's Learn English》라는 책이었는데 회화 위주로 아주 재미있게 꾸며져 있었습니다. 그런데 2학년이 되자 다른 제목의 교과서로 바뀐 것이었습니다.

이상하게도 나는 그 교과서로는 공부가 안 되었습니다. 단어와 숙어를 달달 외워야 하는 그 책은 재미도 없고, 도저히 따라갈 수 없는 중압감 같은 게 나를 짓눌렀습니다. 한번 재미를 잃고 자신감을 잃으니 자포자기하는 심정이 되면서 의욕이 뚝 떨어졌습니다.

중학교 때는 1년 사이에 키가 7~8cm 정도 크는 아이가 있습니다. 그래서 1학년 때는 만만해 보이던 친구가 2학년이 되면서 갑자기 덩치가 커지고 힘이 세져 위압적인 존재로 변하는 경우가 있는데, 2학년 영어 교과서가 내게 바로 그런 느낌이었습니다. '서툰 목수가 연장 나무란다'고, 내 영어 실력이 떨어진 데 대한 단순한 핑계였을까요?

그러나 나는 지금도 그것이 단순한 핑계라고 생각하지 않습니다. 한편으로는 그때 누군가가 '영어 공부는 이렇게 하는 거란다' 하고 요령을 가르쳐 주었더라면, 그래서 그 고비를 무사히 넘길 수 있도록 도와주었더라면 내 인생은 지금과는 아주 달랐을지도 모른다는 아쉬움을 지울 수가 없습니다.

물론 지금의 내 인생이 실패했다는 이야기는 아닙니다. 하지만 영어를 잘했더라면 내 인생의 폭이 훨씬 넓어졌을 것이라는 생각이 듭니다. 요즘도 나는 내가 영어로 된 책을 자유롭게 읽을 수 있으면 좋겠다는 생각이 들 때가 있습니다. 첫째는 틈틈이 하고 있는 성경 공부가 좀 더 깊어질 수 있지 않을까 싶어서입니다. 둘째는 인터넷 때문입니다. 신문이나 방송에서 눈만 뜨면 '인터넷, 인터넷' 하기에 얼마 전 집에 컴퓨터를 들여놓고 아이들의 도움을 받아 가끔 인터넷에 접속해 여기저기 둘러보고 있습니다. 그런데 영어를 어느 정도 한다면 유용한 정보를 더 많이 얻을 수 있겠구나 하는 생각이 듭니다.

일흔을 바라보는 나이에도 영어 공부를 제대로 못한 것을 후회하고 있다니…….

잊지 못할
국어 선생님

　　　　　　4·19 혁명이 일어나고 이듬해 다시 5·16 군사 쿠데타가 일어났습니다. 그 해에 나는 중학교 3학년이었습니다. 아무도 주목해 주지 않는, 그저 평범한 소년이었습니다.

　3학년 때의 담임 선생님은 국어를 가르치시던 선생님이었습니다. 내 짝꿍은 1학년 때처럼 우리 반에서 공부를 제일 잘하는 친구로, 반장을 지내던 장위형이라는 친구였습니다. 공부만 잘하는 게 아니라 운동도 아주 잘하는 친구였습니다.

　좋은 친구를 만나는 것은 행운입니다. 나는 그 친구를 짝꿍으로 만난 후부터 공부를 제법 열심히 했습니다. 좋은 친구를 갖는 것은 황금을 갖는 것보다 귀하다는 말이 생각납니다.

1961년 5·16 군사 쿠데타가 일어난 후의 일입니다. 어지간한 담마다 '혁명 공약'이 큼직큼직하게 나붙어 있던 때였습니다. 우리 학생들에게도 공약을 암기시키라는 지시가 내려온 모양이었습니다. 우리 학교는 군사 쿠데타를 별로 환영하는 분위기가 아니었는데도 공약을 줄줄 외우고 다니는 아이들이 있을 정도였습니다.

3학년 1학기 중반이 조금 지났을 무렵이었습니다. 국어 시간에 '말하기' 시험을 보았는데 수업 시간마다 몇 사람씩 발표를 하는 방식이었습니다. 그 결과를 점수화해서 기말 국어 성적에 반영했습니다. 차례가 되었는데도 준비가 덜 된 학생은 다음에 할 수도 있었습니다. 시간은 7분 정도였던 것으로 기억됩니다.

내 차례가 돌아왔습니다. 나는 준비가 되지 않았으니 다음에 하겠다고 말씀드렸습니다. 그런데 다음에 또 차례가 돌아왔을 때에도 준비가 덜 되었다며 미루었습니다.

세 번째 차례가 돌아왔습니다. 그때도 나는 무슨 배짱(?)으로 그랬는지 모르지만 아직도 준비가 덜 되었다고 말씀드렸습니다. 그러자 선생님께서 이번이 마지막이니 더 이상 미룰 수 없다고 하셨습니다. 그래서 할 수 없이 준비한 연설을 시작했습니다.

나는 사실 자신이 없었습니다. 그 몇 분의 연설을 위해 몇 달을 준비했는데도 그랬습니다. 자꾸 무엇인가 부족한 것 같고, 내 자리에서 교탁까지 걸어갈 때에는 다리가 약간 떨리기까지 했습니다. 그러나 어찌하랴. 나는 침착하게 연설을 시작했습니다. 원고를 펴고 천천히 읽기 시작했습니다. 아니, 사실은 읽을 필요가 전혀 없었습니다. 나는 그 원고를 모조리 외우고 있었기 때문입니다. 수십 번 고치고 또 고친 원고에다 몇 번을 미루면서 준비한 연설이었던 것입니다. 제스처나 억양, 어느 것 하나 준비하지 않은 게 없었습니다. 처음 시작만 그랬지, 거칠 것이 없었습니다.

나는 군사 쿠데타가 잘 일어났다고 생각했습니다. 쿠데타를 일으킨 사람들은 '군사혁명'이라고 했는데 어찌 됐든 나는 잘된 일이라고 생각했습니다.

연일 계속되는 데모로 사회가 극도로 혼란스러운 데다가 그땐 깡패가 너무 많았습니다. 동네마다 골목마다 깡패들이 넘쳤고, 그들이 온 나라를 다 차지하고 있는 형국이었습니다. 그래서 그 패거리에 끼지 못한 양순한 학생들은 항상 주눅이 들어 깡패들과 마주치지 않으려고 이리저리 애쓰며 학교에 다녀야 했습니다. 그래도 어깨를 좀 펴고 다니려면 대구의 유명한 깡패 대여섯 명의 이름쯤은 알고 있어야 했습니다.

향촌동의 누구, 대봉동의 누구 등등 이른바 '족보'를 줄줄 외우고 다녀야 혹시 깡패한테 붙잡히더라도 족보를 대서 봉변을 면할 수 있기 때문이었습니다. 우리 교실에서도 어느 패거리와 어느 패거리가 어디에서 패싸움을 벌였다는 소식은 주요 화제가 되었습니다.

쿠데타 주체 세력들은 당시의 이런 사회 분위기를 잘 파악했는지 먼저 깡패 소탕령을 내렸습니다. 그 후 그야말로 깡패들이 일시에 사라졌습니다. 마치 빗자루로 쓸어버린 것처럼 깨끗이 사라진 것입니다. 우리는 마음대로 거리를 활보하며 해방된 기분을 만끽할 수 있었습니다.

사람들은 그 일만으로도 '군사혁명'이 잘 일어났다고 야단이었습니다. 훗날 '유신헌법'을 만들어 장기 집권을 꾀하지만 않았더라도 오늘날 5·16에 대한 평가는 상당히 달라질 수 있었을 텐데……. 지금도 아쉬움이 있습니다. 그전에 4·19 혁명이 일어나고 자유당 정권이 무너졌을 때도 나는 진심으로 환영했습니다. 자유당 독재는 어린 나에게도 너무나 지긋지긋한 것이었습니다.

내가 살고 있는 구룡포는 지금은 행정구역상 포항시에 속하지만 전에는 경상북도 영일군에 속했고, 선거구로는 '영일 을구'였습니다. 당시 국회의원은 자유당 소속이었는데, 선거 때만 되면 깡패들을 동원하기로 유명했습니다. 그 사람의 권력이 얼마나 막강한지 대낮에 사람을 '개 패듯' 때려도 별 문제가 안 되는 그런 세상이었습니다.

우리 동네 출신의 의사가 자유당 공천을 받은 김 모 의원에 맞서 국회의원에 출마한 적이 있습니다. 그런데 투표 당일 우리 동네 사람들은 투표를 하러 갈 수가 없었습니다. 서울서 내려왔다는 신사

복 차림의 깡패들이 동네 어귀를 지키고 있었기 때문입니다.

그 후보와 가까운 사람들은 몰래 산을 넘어가 투표를 했지만, 투표를 하지 못한 사람이 더 많았습니다. 투표장에 겨우 가더라도 참관인은 물론이고 관련 공무원까지 자유당 일색이어서 투표 자체가 공포의 대상이었습니다. 오늘날에는 상상도 하기 어려운 일입니다.

야당을 지지하는 사람이 투표를 하고 나오면 바로 깡패들이 끌고 가 죽도록 때린다고 했습니다. 선거 운동 기간에 피투성이가 된 사람이 트럭 밑에 쓰러져 있는 것을 보고 너무나 무서워 아무 소리도 내지 못하고 허둥지둥 집으로 돌아온 적도 있습니다.

이것이 내가 기억하는 자유당 독재였습니다. 그래도 당시 사법부는 살아 있었는지 두 번이나 부정선거 판결을 내려 재선거, 재재선거까지 했습니다. 그래서 당시 '경상북도 영일 을구' 하면 전국에 알려진 부정선거의 표본이었습니다.

이런 세상이었으니 깡패들이 득시글거릴 수밖에 없었고, 그들은 정치 세력과 유착하여 이권을 챙기면서 날로 세력을 키워 갔습니다. 하다못해 구멍가게 하나를 하더라도 깡패와 줄이 닿지 않으면 하기 어려운 세상이었습니다. 그러던 중 4·19 혁명이 일어나고 민주당이 집권을 했지만 깡패를 막지는 못했습니다. 따라서 '혁명의 날'은 '새 아침'처럼 아주 신선하게 우리에게 다가왔습니다.

나를 분발시킨 선생님의 칭찬

나는 이렇게 4·19와 5·16에 대해 내가 보고 느낀 점을 말한 뒤 다음과 같이 연설을 마무리했습니다.

"이러한 물리적인 혁명도 중요하지만 더욱 중요한 것은 우리 마음속의 혁명, 다시 말해서 정신적인 혁명을 꾸준히 실천해 나가는 것입니다. 그래야만 정말로 세상을 변화시킬 수 있기 때문입니다."

나는 지금 생각해도 내가 단 7분의 연설에 왜 그렇게 매달렸는지 알 수가 없습니다. 그 당시 국회의원 후보들이 장터에서 혹은 학교 운동장에서 하던 연설을 흉내내곤 했던 기억이 있는데, 그러면서 나도 언젠가는 저렇게 멋진 연설을 해보리라 마음먹어서였는지도 모릅니다.

나의 연설은 청산유수(?)였습니다. 나는 4·19와 5·16에 대한 내 생각을 때로는 담담하게 때로는 열정적으로 펴 나갔습니다. 교실 분위기가 다른 아이들이 발표할 때와는 사뭇 달랐습니다. 다른 친구들이 발표할 때에는 야유를 보내거나 낄낄거리거나 할 때도 많았습니다. 그러나 내가 발표할 때에는 더할 수 없이 진지한 표정들이었습니다. 내가 연설을 마치고 내려오자 선생님은 의외라는 표정을 지으셨습니다. "준비가 덜 되었다고 하더니…… 태갑이의 성격을 잘 말해 주는데?"(당시 내 이름은 태갑이었습니다)라며 감탄한 어조로 말문을 여시더니 "다른 학생의 연설과는 수준이 다르다"며 나직이 그러나 극찬의 말씀을 아끼지 않으셨습니다. 내 평생에 이런 칭찬은 그때가 처음이요 마지막이었던 것 같습니다.

그 일이 있고 나서 나는 연설에 대해서만큼은 자신을 갖게 되었습니다. 뿐만 아니라 공부도 열심히 했습니다. 그 결과 여름방학 전 종합평가시험에서 480명 가운데 중간쯤 하던 성적이 51등으로 껑충 뛰었습니다. 나로서는 대약진이었습니다. 그만큼 선생님의 칭찬은 위력이 있었습니다.

파도에 휩쓸린 학창 시절

중학교 3학년 생활은 그런 대로 괜찮은 편이었습니다. 중간 정도 하던 성적도 상당히 향상되었고 유도도 잘하는 축에 들어 친구들의 부러움을 사기도 했습니다.

이제 졸업이 가까워지면서 진로를 결정해야 했습니다. 하지만 나는 이것저것 망설일 필요가 없었습니다. 당시 '혁명 주체' 세력의 구호에 맞추어 '농촌 근대화의 기수(旗手)'가 되기로 마음먹은 것이었습니다. 그래서 가장 전통 있는 대구농림고등학교에 입학하기로 했습니다. 우리나라는 농토가 좁고 산지가 많은 관계로 축산업이 발전해야 한다고 생각했습니다. 그래야 국토를 효율적으로 이용할 수 있다는 나름대로의 생각도 있었습니다. 그리고 나 자신 '덴마크 건국의 영웅들'처럼 일하리라 생각해 축산과를 선택했습니다.

하지만 기대가 큰 만큼 실망도 크다는 말이 꼭 맞는 것 같았습니다. 당시 혁명 주체 세력의 구호와 입학 전 학교 측에서 제시하는 청사진은 대단했습니다. 그러나 그것은 먼 미래의 꿈이요, 청사진이었을 뿐, 현실은 실망스러웠습니다.

커다란 목조 강당을 임시로 개조한 교실을 비롯한 학교 시설은 말 그대로 퇴락한 촌락 같았습니다. 내가 보아 온 계성고등학교와는 비교도 되지 않을 정도였습니다. 나만 느끼는 기분이 아니었습니다. 나와 비슷한 꿈을 가지고 들어온 친구들도 대부분 같은 생각들이었습니다. 그래서 우리 몇 명은 1학년 여름방학을 넘기지 못하고 자퇴하고 말았습니다.

하지만 함께 자퇴한 김외준이란 친구는 대구농림고등학교가 내게 준 선물이었습니다. 50년 가까이 형제 이상으로 친하게 지내는 좋은 벗이 되었으니까요.

두 번째 고교 생활

어머니의 허락도 받지 않은 채 나는 선생님 앞으로 자퇴서 한 장 달랑 보내고 학교를 그만두었습니다.

이제 무엇을 할 것인가? 막막하기만 했습니다. 상담을 할 사람도 없었습니다. 밥 먹고 홑이불을 뒤집어쓰고 누워 있는 것이 일이었습니다. 때로는 밥도 먹지 않고 이리저리 쏘다니기도 했습니다. 나 자신에 대한 공연한 학대였는지도 모릅니다. 그러나 지금 생각해 보면 그건 어머니에게 엄청난 고문이었을 것입니다. 그런 날이 얼마나 계속되었을까, 우리가 세 살던 집 아이가 어느 고등학교를 갈까 고민할 무렵에야 나는 다시 고등학교를 가야겠다고 생각했습니다.

그러자 갑자기 바빠졌습니다. 입시일이 가까워 왔습니다. 나는 부랴부랴 이것저것 참고서며 교과서를 훑어보기 시작했습니다. 지금 생각해 보면 그때 참으로 열심히 공부한 것 같습니다.

나는 중학교 3년 동안 한 울타리에서 익히 알고 있던 계성고등학교에 합격했습니다.

나의 두 번째 고교 생활은 순조롭게 시작되었습니다. 1년 가까이 떠나 있다가 다시 찾은 교정은 고향처럼 친근하게 느껴졌습니다. 선생님들도 모두 낯익은 분들이었고 친구도 많았습니다. 중학교에서 고등학교로 그대로 올라온 2학년 친구들을 만나니 무척 반가웠습니다.

그리고 우리 반에는 중학교를 같이 다닌 안치효라는 친구도 있었습니다. 한 살이 많은 나는 반 친구들에게 약간의 형 대접을 받는데, 그것도 싫지 않았습니다. 공부도 제법 잘했습니다. 1학기 중간고사 성적이 반에서 3, 4등 정도였는데, 당시 계성고등학교에서 그 정도 성적이면 아주 우수한 편이었습니다.

중학교 때부터 익힌 유도도 점점 발전해 검은 띠를 받았고, 덕분에 친구들의 부러움을 사기도 했습니다. 그동안 흰 띠를 두르다가 초단이 되어 검은 띠를 두르니 기분이 여간 좋은 게 아니었습니다. 유도 수업이 있는 날이면 나는 더욱 신이 났습니다. 가방에다 검은 띠로 싸맨 유도복을 얹어 등교하는 날이면 걸음도 묵직해지고, 나 자신이 대단하게 느껴졌습니다. 같이 등하교를 하던 한 친구는 내 가방을 대신 들고 가면서 자기가 마치 유단자인 것처럼 '폼'을 잡기도 했습니다. 그러면 나는 더욱 점잔을 빼며 걸었습니다.

분수를 몰라도 너무 몰랐던 나

그런데 나에게는 참으로 이상한 데가 있었습니다. 공부도 운동도 잘해서 선생님들에게 인정을 받았으니 자중하여 학업에 정진하면서 내 일을 착실히 준비해 갔어야 했습니다. 그러나 내게는 그럴 만한 지혜가 부족했습니다.

어느 날 조회 시간이었습니다. 담임 선생님이 이런저런 주의 사항을 일러 주신 다음 "신문반에서 기자 두 사람을 뽑는데, 희망하는 사람은 손 들어 봐라" 하셨습니다.

그런데 이 무슨 조화인지 나는 기다렸다는 듯이 손을 번쩍 들고 말았습니다.

나는 원래 이런 성격의 아이가 아니었습니다. 언제나 앞에 나서기를 두려워하는 소심한 아이였습니다. 혹시 그런 경우가 생기더라도 나 때문에 다른 아이들이 피해를 입지는 않을까, 다른 사람이 나를 시기하지는 않을까 하며 이리저리 염려가 많아 자제를 많이 하는 편이었습니다. 그런데 그때는 무슨 까닭이었는지 단번에 그 일을 하겠다고 나선 것이었습니다. 마(魔)가 씌어도 단단히 씐 것 같았습니다.

신문반은 내게 낯선 곳이 아니었습니다. 중학교 때 친구인 이종국이란 아이가 편집장을 맡고 있어서 나는 곧 재미있게 기자 노릇을 할 수 있었습니다.

우리가 처음으로 취재해서 쓴 기사가 활자로 되어 나오는 것이 무척 신기했습니다. 그뿐 아니었습니다. 반 아이들이 내가 쓴 기사나 우리가 만든 신문을 들고 이러쿵저러쿵할 때에는 내가 아주 대단한 일을 한다는 자부심 같은 것이 생기기도 했습니다.

아무리 작은 일, 이를테면 점심시간에 학교 담을 넘어 무단 외출을 하는 따위의 '일상적인' 일도 일단 기사화하면 바로 '사건'이 됩니다. 아이들은 그것을 화제 삼아 누구는 단골로 그 담을 넘는다는 둥 누구는 벌써 몇 번 훈육 선생님에게 걸려 정학 처분을 받을 뻔했다는 둥 온갖 이야기들을 나눕니다. 그리고 어떤 아이는 담을 넘어 매일 점심시간에 건너편 신명여고에 다니는 여자 친구를 만나서 빵집에 간다더라 하며 이야기는 한동안 계속됩니다. 그러면 학교에서는 그 담에 철조망을 칩니다. 이것으로 담 넘는 이야기는 정점을 이

루다가 시들해지고 또 다른 화제가 떠오릅니다.

내가 기억하는 또 다른 기사는 언제부터인가 학교 안에서 구두를 고치시던 아저씨에 관한 이야기입니다. 짤막한 글과 함께 사진이 실린 적이 있는데, 그전까지는 아무도 그 아저씨를 주목하지 않았습니다. 그런데 기사가 나간 후부터 아저씨는 화제의 주인공이 되었습니다. 언제나 학교 안 음악실 담 밑에서 선생님들의 구두 뒤축을 갈아 주시고 아이들의 군화(우리는 그때 군화를 유행처럼 신고 다녔다)를 고쳐 주시던 아저씨에 대해 우리는 온갖 상상을 다 했습니다. 구두 고치는 일을 하기 전에는 무슨 일을 하셨을까? 어떤 인연으로 이 학교에 와서 일하게 되었을까? 가족 관계는 어떠할까? 그리고 아이들의 가장 큰 관심사는 단연 그 아저씨에게 딸이 있느냐 없느냐였습니다.

이처럼 아무리 사소하고 일상적인 일이라도 일단 기사화하면 뒷얘기가 재미있게 전개되었습니다. 나는 그것을 즐겼습니다. 그러다 보니 나는 내가 아주 중요한 일을 하고 있다고 생각했습니다. 친구들도 나를 인정해 주었고, 나를 모르는 다른 아이들에게 나를 소개할 때에는 내가 신문반이며 무슨무슨 기사를 쓴 친구라고 말해 주었습니다. 이 일은 나와 가장 친하게 지내던 김성칠이라는 친구가 잘해 주었습니다. 그 친구에게는 사람을 기분 좋게 해 주는 재주가 있었습니다. 그렇다고 무턱대고 칭찬을 하지는 않았습니다. 깎아내리는 듯하면서 은근슬쩍 추어올려 주는 것이 그 친구의 매력이었습니다. 이렇듯 나는 여러 친구의 부러움을 사면서 두 번째 고교 생활을 했습니다. 그런데 이것이 수렁이 될 줄이야······.

나는 외골수였습니다. 어느 한 곳에 빠지면 다른 것은 도무지 생각할 줄 모르는 그런 아이였습니다.

신문 만드는 일에 빠져든 나는 1학년을 마칠 즈음 반에서 중간 정도의 성적이 되고 말았습니다. 나는 다시 고민했습니다. 대구농림고등학교를 중퇴하고 계성고등학교에 입학할 때는 각오를 단단히 하지 않았던가. 그런데 이게 무슨 꼴이람.

씽씽 달리던 자동차가 타이어의 바람이 빠져 덜덜거리며 가는 모습을 상상해 보았습니다. 내 꼴이 바로 그러했습니다. 아니, 이것은 오히려 사치스러운 비유였습니다.

2학년이 되면서 나는 신문반을 그만두고 각오를 새롭게 다졌습니다. 그러나 쉽지 않았습니다. 학습 진도는 척척 나가는데 공부는 잔뜩 밀려 있고, 도저히 수업을 따라갈 수 없었습니다. 다른 신문반 친구들은 이것저것 잘도 해냈습니다. 나는 자신의 무능함에 속이 상해 견딜 수가 없었습니다.

능력과 분수껏 일을 하지 못하고 이것저것 나섰던 자신이 부끄러웠습니다. 훗날 이것은 내 자식들을 키우는 데 뼈저린 교훈이 되었습니다.

파도는 겹겹으로 밀려오고

한번 큰 파도를 만나 휘청거린 배는 그다음 파도를 조심해야 하는 법입니다. 다음 파도가 오기 전에 키를 잡고 파도가 오는 방향으로 배를 세워 정면으로 헤쳐 나갈 준비를 해야 합니다. 그렇지 않고 허둥지둥 제정신을 차리지 못하고 있을 때에 파도가 배의 옆구리를 치면 이번 파도가 전 파도보다 작을지라도 배는 전복되고 맙니다.

그러나 나는 경험이 없는 선장이었습니다. 아니, 본래 작은 선원이었는데 선장이 항해 초입에 실종되는 바람에 어쩔 수 없이 선장이 되어 내 인생의 배를 이리저리 몰고 간 것입니다. 그 결과야 뻔하지 않겠습니까. 당시 나에게는 나를 바로잡아 줄 선장이 없었습니다. 어머니가 곁에 계시긴 했지만 나의 선장이 되어 주시지는 못했습니다. 오직 먹고사는 일이 절박하셨던, 세상 경험 없는 어머니에게서 무엇을 기대할 수 있었겠습니까.

사정은 더욱 나빠져 이제는 어머니가 다니시던 공장마저 제대로 가동이 되지 않았습니다. 자연히 우리의 생활비는 줄어들 수밖에 없었습니다.

담임 선생님이 조회 때마다 "아직까지 등록금을 내지 않은 사람 손 들어 봐" 하셨을 때, 아무것도 쥐지 않은 나의 손은 왜 그렇게도 무거웠는지…….

나는 학교를 더 다닐 힘이 없었습니다. 나에게는 이런 상황들을 극복할 지혜가 없었습니다. 나는 담임 선생님께 편지 한 장을 남기고 또 학교를 떠났습니다.

고등학교 2학년 중퇴, 이것이 내 학력의 전부입니다. 나의 소년기는 여기서 끝이었습니다.

2

희망이라는 이름의 마술

다섯 남매의 행복한 공부 놀이

희망이라는
이름의 마술

    2000년 겨울, 5남매 가운데 막내인 아들이 대학에 들어갔습니다. 막내의 합격 소식을 듣고 나는 한편으로는 큰 짐을 덜은 듯 홀가분했고, 한편으로는 남다른 감회에 젖었습니다.

  홀가분했던 까닭은, 사실 막내의 대학 입시가 나에게는 상당히 큰 부담이었기 때문입니다. 딸 많은 집의 외아들 잘되는 일이 드물다는 속설도 부담이 되었습니다. 막내도 제 누나들 못지않게 학교 성적이 좋은 편이기는 했지만 워낙에 대학 입시라는 것이 당일의 시험 운에 좌우되는 경우가 많기 때문에 입시가 끝나기 전까지는 마음을 놓을 수가 없었습니다. 게다가 내가 독특한 교육 방법으로 5남매를 모두 수재로 키웠다는 이야기가 신문과 방송에 여러 차례 소개된 것도 큰 부담이었습니다.

또 하나는 막내가 고등학교를 중퇴하고 대학 입시 준비를 했다는 사실이었습니다. 막내는 이른바 '특수목적고'인 과학고 학생이었습니다. 성적이 우수한 편에 속하기는 했지만, 상대 평가제인 내신 제도에서는 학교에 계속 다니면 대학 입시에 불리해질 수밖에 없다는 판단 때문에 부득이 학교를 중퇴했던 것입니다.

1, 2점 차이로 당락이 좌우되는 것이 대학 입시입니다. 그런데 자신의 '절대적인' 실력이 아니라 급우들의 성적에 좌우되는 '상대적인' 실력에 따라 합격 여부가 결정된다니, 이 얼마나 큰 모순입니까?

다행히 막내가 시험을 잘 치러서 서울대 의대에 특차로 합격했다는 소식을 듣고 나는 안도의 한숨을 내쉴 수 있었습니다.

막내의 대학 입학식에 참석하기 위해 포항발 서울행 기차에 몸을 실었습니다. 의자를 길게 뒤로 젖히고 몸을 눕히자 그 옛날 어려웠던 시절의 기억들이 한 장 한 장 생생한 사진으로 눈앞에 펼쳐졌습니다.

서울대와의 첫 인연

막내의 합격 소식을 듣고 남다른 감회에 젖었던 까닭은 내 나이 스물여덟 살 때 서울대와 내가 맺은 '첫 인연' 때문이었습니다. '고등학교도 다 마치지 못했다더니 무슨 소리야?' 하고 궁금해하는 독자가 있겠지만, 사실입니다. 그때 나는 서울대 관악캠퍼스 신축 공사장에서 막일꾼으로 일했습니다. 그것이 바로 서울대와 나의 첫 인연이었습니다. 그리고 20여 년 전, 큰애가 서울대 의대에 입학한 것이 두 번째 인연이며, 막내가 역시 서울대 의대에 합격하여 세 번째 인연을 맺게 된 것입니다.

내가 서울대와 처음 인연을 맺은 것은 1973년의 한겨울이었습니다. 그때까지도 나는 내 삶에 갈피를 잡지 못하고 있었습니다. 아내와 연년생 딸 둘 등 세 식솔을 거느린 가장이었지만, 조상으로부터 물려받은 얼마 안 되는 땅뙈기로는 생계를 꾸려 나가기가 쉽지 않았습니다. 나름대로 신경을 써서 이것저것 심어 보았지만 소득은 늘 신통치 않았습니다.

마침 그때 내 사정을 누구보다도 잘 아시는 어머니의 이모님이 이웃에 살고 계셨습니다. 그분의 아들이 서울에서 건축 공사장 감독으로 일하고 있었는데, 꽤 잘산다고 소문이 나 있었습니다. 내 사는 모습이 너무 딱해 보였는지 이모할머니께서 당신의 아들을 한번 찾아가 보지 않겠느냐고 말씀하셨습니다. 달리 뾰족한 수가 없었던 나는 이모할머니의 권유대로 아내와 어린 두 딸을 시골에 남겨 두고 차마 떨어지지 않는 발길을 옮겨 서울로 떠났습니다.

서울에 올라간 나는 어머니의 이종사촌이 감독으로 있는 공사 현장에서 일하게 되었습니다. 그곳이 바로 현재 신림동의 서울대 신축 현장이었습니다. 그러니 나는 서울대가 동숭동에서 신림동으로 이전해 개교하기도 전에 서울대에 입학(?)했던 것입니다.

그해 겨울은 유달리 눈이 많았습니다. 서울에서 살아 본 적이 없던 나는 서울은 원래 강원도처럼 눈이 많고 추운 곳이라고 생각했습니다. 며칠 동안 친척 집에 머물다가 서울대 신축 공사장에 임시로 지어둔 가건물에 들어가 생활하게 되었습니다.

이렇게 나의 서울대 기숙사(?) 생활이 시작된 것입니다. 그러나 서울대 기숙사 생활은 그리 만만하지 않았습니다. 그해 서울의 겨울 추위는 '따뜻한 남쪽 나라'에서 온 나에게는 너무나 혹독했습니다.

너무 힘들었던 '서울대 기숙사' 생활

시골에서 거친 농사일을 하면서 나는 이미 신체적으로 어느 정도 단련되어 있었습니다. 농사일에는 이골이 나서 동네 사람들에게서 '반 농사꾼'이라는 소리는 일찌감치 면하고 살았습니다. 손에는 제법 굳은살이 박여 있었습니다.

그러나 서울의 막노동은 결코 쉽지 않았습니다. 하루하루가 너무도 힘겨웠습니다. 새벽 5시에 일어나 밥을 먹고 7시까지는 현장에 도착해야 했습니다. 한겨울의 아침 7시는 나에게는 너무나 이른 시각이었습니다. 시골에서는 한겨울에 그렇게 일찍 일을 해 본 적이 별로 없기 때문에 나는 일을 시작하기도 전에 질려 버렸습니다. 더

구나 서울의 겨울은 너무 추웠습니다.

　서둘러 공사 현장에 들어서면 안은 캄캄했습니다. 내가 맡은 일은 벽체와 바닥, 천장의 미장일이었는데, 아무런 기술도 없는 막일꾼인 나는 기술자인 미장공이 일을 시작하기 전에 미리 시멘트와 모래를 섞어 두어야 했습니다. 처음에는 시멘트 가루가 무서워 마스크를 쓰고 일을 했지만, 막상 해 보니 마스크를 쓰고 할 수 있는 일이 아니었습니다. 두 사람이 한 조가 되어 일을 하는데, 부지런히 움직이다 보면 금세 숨이 가빠져 도저히 마스크를 쓴 채로는 일을 할 수 없었기 때문입니다. 할 수 없이 마스크를 벗고 일을 하면 시멘트 먼지 때문에 코가 막히고 목이 아팠습니다. 삽으로 시멘트와 모래를 섞는 일 자체도 익숙지 못한 나에게는 정말 허리가 끊어지는 중노동이었습니다.

　물론 이 일이 전부는 아니었습니다. 이 일이 끝나면 다음 날 일을 위해 지상에 있는 모래와 시멘트를 2층이면 2층, 4층이면 4층까지 올려다 놓아야 했습니다.

　물론 시골에서도 지게질이라면 이골이 날 만큼 해 보았습니다. 그러나 시골에서는 산에서 나무를 할 때처럼 대개 짐을 지고 높은 곳에서 낮은 곳으로 내려가거나 평지에서 이동하는 일이 많았기 때문에 그리 힘들지 않았습니다. 공사장 일은 그 반대로 아래에서 위로 무거운 짐을 지고 올라가야 하기 때문에 훨씬 힘이 들었습니다.

내가 처음 일했던 곳은 인문대 사회관이었는데 4층짜리 'ㄷ' 자 건물이었습니다. 이 건물의 옥상까지 무거운 시멘트와 모래 따위를 나를 때에는 정말 다리와 허리가 끊어지는 듯했습니다. 그러나 별다른 기술이 없는 나로서는 참고 일할 수밖에 다른 도리가 없었습니다. 이렇게 무리하게 일을 하다가는 또 중퇴(?)하여 시골로 내려가게 될지도 모른다는 생각이 들기도 했습니다.

그러나 일이 힘들다고 당장 그만두고 내려갈 수도 없었습니다. 시골에 내려가 봐야 별 뾰족한 수가 없다는 것을 누구보다도 나 자신이 잘 알고 있었기 때문입니다.

나는 이를 악물고 버텼습니다. 하지만 몸이 견디지를 못했습니다. 새벽 5시에 일어나서는 벽에 몸을 기댄 채 밥을 먹고 일하러 나갔는데, 너무 힘들어서 어쩔 수 없이 일을 빠지는 날도 많았습니다.

비가 오면 그렇게 반가울 수가 없었습니다. 돈을 못 벌게 되는 것은 나중 일이고, 그저 쉬고만 싶었습니다. 너무나 힘들어서 늘 "힘들다, 힘들어" 하면서 일을 했습니다. 나중에는 "힘들다, 힘들어" 하는 말이 입버릇이 되어 버렸습니다.

이왕 하는 일, 마음을 달리 먹어 보게

내가 이렇게 힘들어하는 모습을 보고 같이 일하던 사람이 이런 말을 해 주었습니다.

"여보게 황보 씨, 이왕 하는 일이니 그렇게 힘들다 힘들다 하지 말고 마음을 한번 달리 먹어 보게. 아직 숙달이 안 돼 힘들기는 하겠지만, 그래도 마음을 가볍게 먹어 보게나. 훨씬 나아질 걸세."

처음에는 그 말이 귀에 들어오지 않았습니다. 그러나 당장 그만둘 수 있는 형편도 아니고 어차피 계속해야 하는 일이라면 그 사람 말대로 마음을 바꿔 먹는 수밖에 없다는 생각이 들었습니다. 막노동판에서 잔뼈가 굵은 선배의 말을 한번 실천해 보리라 마음먹었습니다.

생소한 환경에 적응하느라 한동안 정신없이 살다가 조금 자리가 잡히자 고향에 두고 온 아내와 아이들이 보고 싶었습니다. 아내와 아이들은 내가 자리를 잡은 다음에 서울로 데리고 올 계획이었기 때문에 그때까지 시골에서 살고 있었습니다.

힘든 하루 일을 마치고 저녁에 숙소에 돌아와 자리에 누우면 아내와 아이들 얼굴이 눈앞에 아른거렸습니다.

그런데 아이들을 생각하다가 불현듯 '그래, 우리 아이들을 서울대에 보내야지' 하는 생각이 들었습니다. 그때 큰애가 다섯 살, 둘째가 네 살이었습니다.

'이 아이들이 자라서 15년 후쯤에는 대학에 간다. 어느 대학에 보낼까? 그래, 서울대에 보내야지. 똑똑한 우리 아이들이 서울대에 못 갈 까닭이 없지.'

이렇게 생각하니 괜히 흥분이 되고 힘이 났습니다.

'내가 지금 짓는 이 건물이 인문대 사회관이라 했겠다? 우리 아이들을 법대에 보낼까? 외교학과는 어떨까? 무슨 과면 어때? 애들이 좋아하는 데로 보내면 되지.'

아이들이 서울대에 들어가는 것은 이렇게 나의 공상 속에서 이미 '기정 사실'이 되어 버렸습니다. 법과대학에 들어간 아이가 사법 고시에 합격해 온 식구가 함께 기뻐하는 모습을 상상하기도 했습니다.

'지금 내가 짓고 있는 이 건물은 나중에 우리 아이들이 공부할 곳이지? 그러니 우리 아이들을 위해서라도 튼튼히 지어야지.'

까마득한 미래의 꿈이었지만, 아무튼 나는 수시로 이런 상상을 했습니다. 과연 마음을 달리 먹어 보라는 막노동판 선배의 말은 효험이 있었습니다. 마음이 한결 가벼워졌습니다. 가끔 우리 아이가 꼭 이 학교에 들어갈 것 같은 착각에 빠지기도 했습니다. 비록 상상이지만, 내 사랑하는 아이들이 내가 지은 건물에서 공부하는 모습을 머릿속에 그려보며 무척이나 행복했습니다. 마음이 가벼워지니 덩달아 몸도 가벼워지는 것 같았습니다.

희망이란 나에게는 마술 같은 것이었습니다.

가난했지만 행복했던
서울 시절

겨울이 지나고 봄이 왔습니다. 밤이 점점 짧아지더니 공사 현장에 도착하는 아침 7시면 사방이 훤하게 밝았습니다. 몇 달 동안 일을 하다 보니 일이 몸에 붙었는지 예전처럼 그렇게 힘들지도 않았습니다. 자리가 조금씩 잡혀 가는 기분이었습니다.

나는 아내에게 아이들을 데리고 서울로 올라오라고 연락했습니다. 사랑하는 아내와 눈에 넣어도 아프지 않을 귀여운 두 딸과 함께 살게 되니 서울 생활이 더 이상 삭막하게 느껴지지 않았습니다.

노동판의 퇴근은 저녁 7시였습니다. 집에 돌아오면 아이들은 "아빠 왔다"고 소리치며 좋아했습니다. 몸이 고단하여 좀 쉬려고 해도 아이들은 전혀 사정을 봐주지 않았습니다. 둘이 번갈아 가며 기어

올라 아빠의 몸을 놀이터로 이용했습니다. 내 몸은 아이들의 뜀틀이요 미끄럼틀이었습니다.

아빠는 낮에 일하느라 힘드시니까 귀찮게 하지 말라고 아내가 아무리 타일러도 아이들은 그런 말을 이해할 나이가 아니었습니다. 나는 아내에게 괜찮다고, 그냥 놔두라고 했습니다. '귀여운 내 아이들이 이렇게 즐거워하는데, 내 몸이 조금 피곤하면 어떠랴' 싶었습니다.

행복한 아빠, 행복한 아이들

그런데 이상한 것은, 아이들이 그렇게 기어오르고 매달리고 하는데도 별로 힘들다거나 귀찮다는 생각이 들지 않았습니다. 기쁜 마음으로 아이들과 어울려 즐겁게 놀다 보니 기분이 좋아져서 그런지, 아니면 아이들이 내 몸을 놀이터 삼아 뛰고 구르고 하다 보니 그것이 저절로 안마가 되어서 그런지, 오히려 하루의 피로가 풀리는 것 같았습니다.

나는 '참 신기하구나, 이것이 하나님이 나에게 주시는 분복이구나' 하는 생각이 들어 감사의 기도를 드렸습니다.

그러던 중 공사장에서 일하며 번 돈에 어머니가 마련해 주신 돈을 보태서 우리가 살고 있던 봉천동 중턱에 조그만 구멍가게를 마련할 수 있었습니다. 가게 겸 살림집인 셈이었습니다. 아내는 가게를 보고, 나는 여전히 공사장에서 막일을 했습니다.

  손님들에게 친절하게 대해서인지 조금씩 손님이 늘어 갔습니다. 철없는 아이들은 과자 가게를 한다고 좋아했습니다.

  진열대에는 갖가지 과자들이 즐비했습니다. 아이들은 "우리 집 과자 많다"면서 그 과자를 다 품에 안으려는 듯 허리를 굽혀 팔로 감싸 안는 흉내를 내곤 했습니다. 그러면 아내와 나는 "그래, 과자 다 먹어라" 하며 웃곤 했습니다.

  아이들이 제일 좋아하는 과자는 초콜릿이었고, 그 가운데에서도 '나하나볼'이라는 작은 단추 모양의 초콜릿을 가장 좋아했습니다.

  나는 아이들이 과자가 먹고 싶다고 하면 선뜻 주었습니다. 아이나 어른이나 못 하게 하면 더 하고 싶고, 못 먹게 하면 더 먹고 싶은 법이니까요. 그래서 그런지 아이들은 과자를 달라고 떼를 쓰지도 않고, 부모 몰래 과자를 먹는 일도 없었습니다. 단지 이가 나빠질까 봐 많이 먹지는 못하게 했습니다.

  지난 3월 막내의 입학식에 참석하기 위해 서울대에 가는 길에 먼 눈으로 우리가 살던 봉천동 언덕을 바라보니 산 중턱까지 아파트가 들어서 있었습니다.

  30여 년 전 내가 그곳에 살 때는 시멘트 블록으로 지은 작은 기와집들이 다닥다닥 붙어 있었고, 골목길은 너무 가팔라서 계단을 오를 때 아이들은 걷지를 못하고 엉금엉금 기어야 했습니다. 어른들도 조심하지 않으면 다치기 쉬울 정도로 위험한 동네였습니다. 루핑이라는 재료로 지은 집도 많아 흡사 피난민촌 같은 곳도 있었습니다.

그렇지 않아도 시골에서 올라와 잔뜩 주눅이 들어 있는 터에 이런 위험한 곳에서 살게 되니, 처음에는 적응하기가 여간 힘들지 않았습니다. 가게 문을 닫고 난 한밤중에는 더 무서웠습니다.

어렵게 사는 사람들이 모여 사는 동네라서 그런지 술 취한 사람, 동네 깡패, 부부 싸움 등 하루도 조용한 날이 없었습니다. 자연히 우리는 움츠러들 수밖에 없었고, 아이들도 밖에 내보내기보다는 방 안에서 놀게 했습니다.

아이들은 연년생이라 서로 친구가 될 수 있었기 때문에 별 어려움 없이 아빠 엄마가 하라는 대로 실내 생활에 잘 적응해 주었습니다. 그리고 항상 동네 친구들이 놀러 왔기 때문에 우리 집은 동네 아이들의 놀이방이 되었습니다.

아이들은 여자아이라서 그런지 늘 인형 놀이나 살림 놀이를 하며 놀았습니다. 가끔 고무줄 놀이나 숨바꼭질도 했지만 동네가 워낙 비탈진 곳이라 놀이 공간이 부족한 탓에 다른 동네 아이들처럼 놀이터나 골목에서 하는 놀이는 별로 할 수가 없었습니다.

달동네의 어린 화가들

　　　　　우리 아이들의 일과는 제일 먼저 종이 인형을 사 나르는 것이었습니다. 집에서 100m쯤 떨어진 곳에 조그마한 문방구가 하나 있었는데, 아이들은 그 문방구 할아버지의 단골손님이었습니다. 나도 여러 번 그 문방구에서 종이 인형을 사다준 적이 있습니다.

　할아버지는 아예 우리 아이들을 위해 종이 인형 다발을 준비해 두는 것 같았습니다. 대개 예쁜 공주와 왕자, 왕비와 임금, 그리고 그들이 입을 옷이 여러 벌 그려져 있었습니다. 공주의 옷은 하나같이 예뻤고 임금과 왕비의 옷은 크고 화려했습니다. 옷뿐 아니라 여러 장신구도 그려져 있었습니다. 신하와 하녀의 그림도 있었는데, 그들의 옷은 조금 초라했습니다. 그들이 사는 집, 음식과 과일, 갖가지 생활 도구도 있었습니다.

아이들은 매일 이 그림 속에 있는 인형과 옷, 집과 가재도구들을 가위로 오려 냈습니다. 그런 다음 인형들에게 옷을 입히면서 각자의 역할을 정해 온갖 놀이를 하는 것이었습니다. 나는 공주, 너는 하녀, 나는 임금, 너는 왕비 하는 식으로. 집과 가재도구까지 용도에 맞게 배치하면 방 안에 하나의 '왕국'이 건설되는 셈이었습니다.

그림 속의 인형과 옷을 가위로 오려 내는 일은 그리 만만한 것이 아니었습니다. 더구나 아직 다섯 살, 네 살밖에 안 된 아이들에게는 한 장의 종이에 그려진 그림들을 다 오리려면 한 시간은 족히 걸릴 정도였습니다.

내 생에 가장 행복했던 시간

가게 일이 점점 바빠져서 나는 공사장 일을 그만두었습니다. 가게에서 팔 물건을 사기 위해 용산 도매시장에 가는 일 외에는 늘 집에서 아내를 도왔고, 시간이 남으면 아이들과 같이 놀아 주었습니다. 아이들이 노는 모습을 언제나 가까이서 지켜볼 수 있어서 좋았습니다. 돌이켜 생각해 보면 내 인생에 그때보다 더 행복한 시간은 없었던 것 같습니다.

종이에 그려진 어린 공주의 손가락을 가위로 오리려면 고도의 기술이 필요했습니다. 얼마나 지났을까? 아내와 나는 아이들의 가위질 솜씨에 감탄하지 않을 수 없었습니다. 매일 가위질을 하며 놀다 보니 웬만한 어른들보다 훨씬 더 능숙해진 것이었습니다. 그 모습을 지켜보는 것만으로도 아내와 나는 무척이나 즐거웠습니다.

이렇게 종이 인형과 옷과 가재도구와 집들을 오려 낸 다음 각자 인형들에게 옷을 입히기도 하고 종이 가구에 차곡차곡 담아 두기도 했습니다. 그러고 나서 집과 정원을 꾸미고 어쩌고 하다 보면 두세 시간은 훌쩍 지나갔습니다.

그다음에는 인형극 놀이가 시작됩니다. 각자 맡은 역할에 따라 연기를 하는데, 대본은 그때그때 즉흥적으로 만들어졌고, 놀이를 하다가도 좋은 생각이 떠오르면 더 재미있게 수정을 하기도 했습니다. 아내와 나는 매일 대본이 다른 인형극을 공짜로 구경하는 셈이었습니다.

"공주마마, 안녕하십니까?"

"그래, 잘 있었나? 어서들 오게."

"아바마마, 그간 안녕하셨사옵니까?"

"그래, 우리 예쁜 공주 왔구나. 그간 더 예뻐졌구나."

이런 대화들은 대부분 아이들이 옆집 만화방에 있는 텔레비전에서 본 내용을 응용한 것이었습니다. 당시는 텔레비전이 귀한 때여서 집에 텔레비전이 없는 아이들은 입장료 100원을 내고 만화 가게에서 텔레비전을 보았습니다.

달동네의 어린 화가들

아이들이 재미있게 노는 것을 지켜보노라면 나도 시간 가는 줄을 몰랐습니다. 할 일은 많은데 일은 안 하고 아이들과 놀기만 한다는 아내의 핀잔을 듣고서야 시계를 보고는 "아니, 벌써 시간이 이렇게 됐나?" 하고 놀라곤 했습니다.

저녁이 되어 동네 아이들이 모두 집으로 돌아가고 나서 아내와 나는 어질러진 방안을 정리해야 했습니다. 인형과 옷, 집, 가재도구 같은 것을 잘 모아 차곡차곡 정리해 두었습니다. 그림을 오리고 난 부스러기 종이는 부엌 아궁이에 넣어 두었다가 불쏘시개로 썼습니다.

아이들이 종이 인형을 가지고 논 지 몇 달이 지났을까? 아이들의 솜씨는 날로 늘어 갔습니다. 아내와 나는 아무리 바빠도 하루에 한두 번쯤은 아이들의 노는 모습을 지켜보면서 신기해했습니다. 우리가 보기에 아이들의 가위질 솜씨는 가히 천재적이었습니다.

문방구에서 산 종이 인형의 수가 아무리 많아도 아이들의 욕구를 다 채워 주지는 못했던 모양입니다. 아이들은 그림을 그리기 시작했습니다. 가게에서 나오는 과자 포장지 뒷면에 그림을 그리기 시작했는데, 포장지가 없으면 문방구에서 도화지를 사다가 그리기도 했습니다.

처음에는 그림을 보고 베끼던 아이들이 어느 정도 시간이 지나자 스스로 여러 모습의 공주와 왕자를 그리기 시작했습니다. 음식이며

옷가지, 집 등 자기들이 필요한 것은 무엇이든지 그렸습니다.

아이들이 본격적으로 그림을 그리기 시작하자 나는 색연필, 색도화지, 크레용 등을 사다 주느라 바빴습니다. 물론 어떤 기대를 했기 때문은 아니었습니다. 아이들이 방 안에서 곱게 놀아주는 것만으로도 아내와 나는 고마울 뿐이었습니다.

앞에서 이야기했듯이 당시 우리가 살던 동네는 아이들이 밖에서 뛰어 놀기에는 적당치 못한 곳이었습니다. 아이들이 밖에서 놀다가 오토바이에 부딪혀 병원 신세를 지기도 했습니다. 그래서 좀 어질러지더라도 방 안에서 동네 아이들과 조용조용 놀아 주었으면 하는 마음이었습니다.

나는 아이들이 그림 그리는 것을 옆에서 지켜보기만 했습니다. "그림은 이렇게 그리는 거야" 하면서 참견한 적은 한 번도 없었습니다. 아내와 나는 아이들 그림이 아무리 서툴러 보여도 "아이고, 잘도 그렸네. 우리 집 화가들 봐라" 하면서 대견하게 여기고 칭찬해 주었습니다.

이렇게 추어올려 주니 아이들은 더욱 신이 났습니다. 나는 여기저기서 묵은 달력을 얻어다 아이들에게 주기도 했습니다.

한번은 고향 사람 결혼식에 아이들을 데리고 간 적이 있습니다. 큰아이는 난생 처음 본 신부의 화려한 드레스에 반했는지 집에 오자마자 신부를 그리기 시작했습니다. 크레용으로 색칠도 했습니다.

얼마나 재미있게 그렸는지 아내와 나는 그 그림을 오랫동안 성경책 사이에 꽂아 두고 꺼내 보곤 했습니다.

놀면서
글자 깨치기

　　　　　어느 날 아이들은 나에게 자기들이 그린 그림에 이름을 붙여 달라고 했습니다. 나는 약간 당황했습니다. 한두 개 정도야 할 수 있겠지만 그 많은 공주와 왕자 그리고 시녀들의 이름을 내가 어떻게 다 짓는단 말인가. 아이들이 차곡차곡 모아 둔 그림 인형들은 수십 개, 아니 수백 개는 돼 보였습니다.

"너희가 지어 봐. 너희가 지으면 아빠보다 더 잘할 수 있을 텐데?"

나는 꾀를 내서 이렇게 말했습니다.

"내가 어떻게 짓는데?"

"네가 아는 공주 많지 않니? 네가 아는 공주 이름과 비슷하게 지어 보면 되지 않겠니?"

사실 아이들은 수없이 많은 공주와 왕자를 알고 있었습니다. '미미 공주', '리라 공주' 등은 수십 년이 지난 지금 내 기억에도 생생한데, 당시 아이들이야 말할 것도 없었습니다.

그때 우리 아이들은 아직 글자를 읽을 줄 몰랐습니다. 그 많은 공주와 왕자 이름은 글을 아는 동네 아이들과 같이 놀면서 따라 익힌 것이었습니다. "네가 아는 공주 이름과 비슷하게 지어 보면 되지 않겠니?" 하는 내 말에 큰아이는 대뜸 "라리 공주라고 하지 뭐"라고 대답했습니다. 나는 "그래, 그렇게 하면 되겠다" 하고 맞장구쳐 주었습니다. 아이들은 이렇게 자기들이 인형 이름을 붙여 놓고 기뻐했습니다.

이제 아이들은 자기들이 그린 공주 밑에 '리라' 공주 이름을 거꾸로 하여 '라리' 공주라고 썼습니다. 처음에는 글자를 썼다기보다는 그렸다는 표현이 더 정확할 것입니다.

말하자면 자기들이 이미 알고 있는 인형 이름에 있는 글자를 손가락으로 짚어 가면서 발음해 보고, 그렇게 알게 된 글자를 하나씩 베껴 쓰면서 새로 그린 그림 인형의 이름을 짓게 된 것입니다.

우리는 아이들이 이렇게 노는 모습을 보면서 '아하, 이렇게 하면 글자를 깨치게 되겠구나' 하고 생각했습니다.

그때 우리 집에는 가구가 없었습니다. 이부자리는 방 한쪽에 가지런히 포개 두었고, 옷가지는 빈 라면 상자나 과자 상자에 넣어 두고 살았습니다. 가게가 비좁아 과자 상자를 방 안에 쌓아 두기도 했습니다. 말하자면 방이 창고 겸 거실이었고 침실 겸 아이들 놀이방이었습니다.

저녁에 아이들과 누워 있으면 그 골판지 상자들이 와르르 무너질까 걱정이 되기도 했지만, 종이로 된 상자들이고 별로 무겁지도 않았기 때문에 다칠 염려는 없었습니다.

글자 공부도 '놀이'로 받아들인 아이들

나와 아내는 그 과자 상자로 '공부 놀이'를 시작했습니다. 나는 앞에서도 이야기했듯이, 공부란 괴롭고 힘든 것이라는 내 어린 시절의 기억 때문에 아이들에게는 공부가 즐겁고 재미있는 것이라는 인식을 심어 주고 싶었습니다.

그래서 그냥 '공부'라고 하지 않고 늘 '공부 놀이'라고 부르기를 좋아했던 것입니다. '공부 놀이' 외에도 '학교 놀이', '글자 놀이' 등 아이들이 하는 일에는 무엇이나 '놀이'라는 말을 넣어 주었습니다. 아이들이 즐기는 인형 놀이, 살림 놀이와 마찬가지로 공부도 놀이로 받아들이면 거부감을 갖지 않을 거라는 생각이었습니다.

'라면땅'이라는 과자 상자가 누워 있는 우리 눈에 들어왔습니다.

"얘들아, 저 상자를 좀 봐라. '라면땅'의 '라' 자하고 네가 좋아하는 '라리 공주'의 '라' 자하고 같지?"

이렇게 설명하면 아이들은 그 글자에도 관심을 가질 뿐 아니라 무척 재미있어했습니다.

아이들이 좋아하는 초콜릿 상자는 인형 놀이에 가장 중요한 소품이었습니다. 밥 먹을 때에는 밥상으로, 아이들이 공부할 때에는 책상으로 쓰이는 상 위에는 언제나 '가나초콜릿'과 '나하나볼' 상자가 가지런히 놓여 있었습니다. 그 속에는 그날 오려 놓은 인형과 옷가지 등이 차곡차곡 정리돼 있었습니다.

우리는 그 상자를 가리키며 이것이 '가' 자고 저것이 '나' 자라고 가르쳐 주었습니다. 아이들은 곧바로 '나가'라는 우스꽝스러운 공주 이름을 지어 보였습니다.

가게에 있는 그 많은 과자 이름은 모두가 공주와 왕자의 이름에 활용되었습니다. 아이들은 자기들이 이미 이름을 알고 있는 과자 상자에 적힌 글자를 하나하나 짚어 보면서 그 글자가 무슨 소리를 내는지 스스로 깨우쳐 갔습니다. 조금 시간이 지나서는 동네 간판들을 손가락으로 가리키면서 자기들이 아는 글자는 소리 내어 읽고 모르는 글자는 묻곤 했습니다.

나는 아이들이 글자를 익혀 가는 과정에서 전혀 간섭을 하지 않았습니다. 모르는 글자를 물어보면 가르쳐 주었을 뿐, 아이들에게 부담을 준다거나 조바심을 낸 적은 한 번도 없었습니다. 그 흔한 학습지 한 번 구독시킨 적도 없습니다.

그저 아이들이 글자를 읽어 내면 놀랍고 신기한 마음에 기뻐했을 뿐입니다. 내가 아이들 나이 때에는 어땠을까 생각하니 아이들의 하는 짓에 절로 탄성이 나왔습니다. 그냥 건성으로 말로만 "잘한다, 잘한다" 한 것이 아니라 잘하는 일이 있으면 안아 주고 뽀뽀도 해 주고 번쩍 들어 올려 주기도 했습니다. 옛날 어른들처럼 무덤덤하게 행동하지는 않았습니다. 나중에 커서는 공부가 짐이 될지라도, 학교도 들어가기 전에 미리 공부에 대한 부담을 줄 필요는 없다는 생각이었습니다.

나는 아이들이 글자 공부를 재미있는 '놀이'로 받아들여 주기를 바랐을 뿐, 아이들의 미래에 대해 큰 기대를 가지지는 않았습니다. 내가 공부를 신통치 않게 했는데 아이들에게 기대를 하다니, 그것은 말도 되지 않는다고 생각했습니다. 다만 나처럼 학교를 무서운 곳이 아닌 즐거운 곳으로 알고 학교생활을 부담 없이 즐겨 주기를 바랐을 뿐입니다.

아이들이란 참으로 놀라운 존재였습니다. 얼마 지나지 않아 아이들은 받침 없는 글자는 거의 다 읽어 냈습니다. 나는 그것이 정말 신기했습니다.

다시 고향으로

그렇게 아이들과 더불어 하루하루를 평온하게 지내고 있었는데

뜻밖의 문제가 생겼습니다. 신문에 우리가 살던 봉천동이 전부 철거된다는 기사가 난 것이었습니다. 우리가 살던 집은 무허가 건물이었는데, 세 든 사람들은 아무 보상도 받지 못할 것이라는 얘기였습니다. 우리는 그 말에 지레 겁을 먹고 잘되던 가게를 정리했습니다.

큰아이가 여섯 살, 작은아이가 다섯 살이던 1975년 추석 무렵에 우리는 다시 고향으로 돌아왔습니다.

학교 놀이,
구구단 놀이

　　　　　　우리의 이삿짐은 단출했습니다. 서울에 올라갈 때에 가져갔던 이부자리와 약간의 그릇이 전부였습니다. 그러나 서울에 갈 때에는 없었던 것이 한 가지 있었습니다. 라면 상자였습니다.
　상자 안에는 아이들이 서울에서 가지고 놀던 종이 인형이 가득 들어 있었습니다. 우리는 그것을 버리지 않고 무슨 보물단지나 되는 것처럼 머나먼 고향까지 가지고 내려왔습니다. 이상하게도 나와 아내에겐 그것이 소중하게 느껴졌습니다.
　아이들의 인형 놀이는 이곳에서도 계속되었습니다. 나는 서울에서 하던 것처럼 구룡포 읍내에 나가 종이 인형, 도화지, 색연필 등을 아이들에게 사다 주었습니다.

지금은 젊은 사람들이 모두 도시로 빠져나가 우리 동네에 어린아이들이 드물지만, 그때만 해도 동네에 아이들이 몇 명 있었습니다. 모두가 우리 아이들에게는 언니뻘 되는, 초등학교에 다니는 아이들이었습니다. 서울에 간 지 채 두 해도 못 돼서 고향에 내려왔지만 우리 아이들은 이미 서울말을 하고 있었습니다. 동네 아이들은 우리 아이들이 서울말을 하는 것이 신기하게 보였는지 잘 어울려 놀아 주었습니다.

동네 아이들의 사랑방이 된 우리 집

나는 아이들을 위해 작은 방을 수리해 주었는데, 그 방은 곧 동네 아이들의 놀이방이 되었습니다. 동네 사람들은 대부분 남의 집 아이들이 자기 집에 와서 노는 것을 싫어했습니다. 아이들이 오면 방이 어질러진다고 "나가 놀아라" 하고 밖으로 내몰기 일쑤였습니다. 내가 어렸을 때에도 그랬던 것 같은데, 이때까지도 동네 분위기는 남의 아이들이 자기 집에 오는 걸 반기는 편이 아니었습니다.

그러나 우리 집은 달랐습니다. 나와 아내는 동네 아이들이 우리 집에 와서 노는 걸 언제나 환영했습니다. 자연히 동네 아이들은 우리 집에 오는 것을 좋아했습니다.

당시 시골에서는 종이 한 장, 연필 한 자루에 벌벌 떨 정도로 물건을 아끼지 않을 수 없는 형편이었습니다. 그러나 우리 집에는 그런 것들이 풍족했습니다. 남들보다 특별히 살림이 넉넉한 편은 아니었지만 아이들이 좋아하는 일이라면 종이 몇 장, 연필 몇 자루 정도는 아끼고 싶지 않았습니다. 아직 날짜가 지나지 않은 달력 뒷장에 그림을 그려도 우리는 조금도 아이들을 나무라지 않았습니다. 그러니 아이들에게 우리 집이 제일 인기가 좋을 수밖에요.

나는 맞아가며 구구단을 외웠지만

동네 아이들은 날이면 날마다 우리 집에 몰려와 마루에서 방에서 '학교 놀이'를 하곤 했습니다. 어디서 구해 왔는지 1학년 국어책을 가져와 자기들끼리 받아쓰기 시험을 치기도 하고, 번갈아 가면서 선생님과 학생 역할을 하며 놀기도 했습니다. 시험 점수를 매기기도 하면서 한껏 학교에 간 기분을 내면서 놀았습니다. 물론 그 놀이를 주도하는 아이는 학교 다니는 동네 언니들이었습니다.

한번은 큰아이가 받아쓰기 문제 20개 가운데 3개를 틀려서 85점을 받았다고 좋아한 적도 있는데, 아직 학교에도 다니지 않는 어린 아이의 성적(?)치고는 퍽 좋은 편이라 아이와 함께 기뻐했던 기억이 납니다.

인형 놀이를 하면서 자연스럽게 그림에 도가 텄는지 아이들은 그림을 제법 잘 그렸습니다. 이 책 저 책을 보고 흉내 내서 그리기를 좋아했는데, 책과 너무나 흡사하게 그렸습니다. 동네 아이들은 빙

둘러앉아 우리 아이들의 그림을 구경하면서 신기해하기도 하고 부러워하기도 했습니다.

아내와 나는 잘된 그림은 밥풀로 벽에 붙여 두고 보기를 좋아했습니다. 아이들도 신나했습니다.

우리 집은 아직 텔레비전이 없었습니다. 아이들은 잘 놀다가도 저녁 무렵이 되면 텔레비전을 보러 가자고 졸랐습니다. 그래서 텔레비전이 있는 이웃집에 가서 보기도 하고, 때로는 읍내에 있는 아이들 이모네 집에 가서 보기도 했습니다.

아빠의 일기장

1976년 1월에 셋째가 태어났습니다. 그로부터 몇 달이 지난 후 나의 일기장에는 이런 글이 적혀 있었습니다.

1976년 3월 21일

빈이가 제 엄마한테 말했다. 자꾸 텔레비전이 보고 싶다고. 엄마만큼 보고 싶다고 말했다. 그러나 "엄마가 보고 싶을 때는 눈물이 나와도, 텔레비전이 보고 싶을 땐 눈물이 안 나온다"고 했다.

엄마가 경주 아빠한테 가고 안 왔을 때 눈물이 나오더란다. 하도 기막힌 표현이라 적어두기로 했다.

1976년 3월 24일

설이의 글씨 쓰는 솜씨가 몰라보게 발전했다. 전에는 쓰다 만 것도 있었고 써 놓은 글씨도 도무지 알아보기가 힘들었는데, 이제는 제법 글씨처럼 그려 놓았다. 구구단을 익히게 하였더니 5단을 제법 외울 줄 알았다.

1976년 3월 26일

(셋째가) 그저께 저녁에도 그렇게 잠을 자지 못해 제 엄마와 할머니하며 온 식구들 잠을 설치게 하더니 어제 저녁은 웬일인지 잠을 잘 잤다. 낮에도 딴 아이처럼 쌕쌕 자고는 손을 빨고 놀았다. 이제 한 고비는 지난 것 같다.

빈이와 설이는 구구단 놀이를 하더니 저녁에는 넉넉히 외울 수가 있었다. 빈이는 2단까지 외울 수 있었다. 대견하였다(5단 먼저 외우고 2단은 나중에 외운 것 같다. 2단보다 5단이 외우기 쉽기 때문이었으리라). 그런데 설이가 6자와 9자를 구별하지 못하여 책받침을 보고 구구단을 외울 때마다 "이거 9자야, 6자야?" 하고 물었다. 'ㄹ' 자를 거꾸로 '5' 자로 잘 쓰던 일이 생각났다.

1976년 4월 3일

벌써부터 빈이는 쑥을 뜯으러 다녔다. 오늘은 자기 혼자 파란 쑥가구

(바구니)를 들고 이 밭둑 저 밭둑을 다니는 모습이 대견했다. 지루하지도 않은 모양이다. 자기보다 열 살이나 위인 옆집 아이며 건너 순이까지 다 가 버려도 한 가구가 넘도록 해쑥을 깨끗이 뜯어 아빠보다 먼저 집에 오는 빈이 모습이 한없이 대견스러웠다.

여기에서도 나는 아이들 공부를 '놀이'로 기록했습니다. 구구단 공부도 '공부'라 하지 않고 '구구단 놀이'라고 했습니다. 아이들은 아마 동네 언니들이 하는 것을 보고 책받침에 인쇄되어 있는 구구단을 외우려고 했던 것 같습니다. 나는 아이들에게 제일 쉬운 5단부터 '구구단 놀이'를 해 보라고 했습니다.

그래서 아이들은 그냥 책받침을 보면서 '구구단 놀이'를 한 것입니다. 내가 초등학교 때에 매 맞아 가면서 외운 것과 비교하면 우리 아이들은 공부하는 것이 정말 행복했을 것입니다. 강요하거나 공부 못한다고 매질하는 사람이 없었으니 말입니다. 대신 아빠 엄마의 칭찬과 기뻐하는 모습만이 아이들을 기다리고 있었습니다.

이것이 우리 아이들의 공부, 아니 '놀이'였습니다.

아빠와 함께 하는 즐거운 통학길

　　　　　큰아이는 다섯 살 때부터 '인형 놀이'와 '글자 놀이'를 했지만 학교에 들어가기 전까지 글자를 다 알지는 못했습니다. 요즘에는 대부분의 아이들이 초등학교에 들어가기 전에 한글을 깨우치지만 큰아이는 그저 '놀이'를 통해 글자를 익혔을 뿐, 체계적으로 글자를 배운 것이 아니었기 때문에 학교에 들어갈 때까지도 받침 있는 글자는 아직 서툴렀고 헷갈리는 글자가 많았습니다.

　이듬해 봄 큰아이가 학교에 들어갔습니다. 큰아이는 다른 아이들에 비해 몸이 약한 편이었는데, 집에서 학교까지 거리가 2km 이상 되었기 때문에 우리는 걱정을 많이 했습니다. 차편이 있는 것도 아니었습니다. 그래서 나는 자전거를 사서 태워 주기로 했습니다. 비포

장도로여서 노면이 울퉁불퉁한 곳을 지날 때에는 자전거가 덜컹거리기도 했지만 그래도 재미있어했습니다. 나는 읍내에 가면 찻길도 무섭고 늦었다고 허겁지겁 서두르다 다칠까 봐 등굣길에는 만사를 제쳐놓고 자전거로 실어다 주었습니다. 비가 오거나 날씨가 좋지 않으면 하굣길에도 자전거로 도와주었습니다. 통학하는 길은 작은 시냇물을 따라 나 있었기 때문에 아이들이 다니기에 좋은 길이었습니다. 나는 일편단심(?)으로 매일 아침 하루도 빠짐없이 이렇게 큰아이의 통학을 도와주었습니다.

처음 몇 달은 어려움이 많았습니다. 아이들 증조할머니께서는 "다른 아이들 다 걸어 다니는 길을 왜 꼭 태워다 주느냐" 하면서 싫어하셨습니다. 동네 사람들도 "별일이다" 하면서 핀잔을 주었습니다. 하지만 나는 개의치 않았습니다. 아이가 몸이 약해서 그렇다고 핑계를 대면서 그 일을 계속했습니다.

나는 아이의 운전기사(?) 노릇을 즐겼습니다. 습관이 되니 식전에 일어나 밭을 갈다가도 아이가 학교에 갈 시간이 되면 쟁기를 소와 함께 밭에 꽂아 두고 아이를 학교까지 태워다 줄 수 있었습니다.

논둑길을 따라 자전거를 타고 가면서 어린 딸과 이야기를 나누는 즐거움이란 무엇과도 바꿀 수 없는 것이었습니다. 집에서 출발하여 학교에 도착할 때까지 그리 길지 않은 시간이지만 우리 부녀는 즐거운 대화를 나누었습니다. 아이는 아빠가 자전거로 자기를 학교에 데

려다 준다고 신나했고, 나는 아이가 즐거워하는 모습을 보면서 행복했습니다.

그래서인지 아이는 예전의 나처럼 학교에 가는 것을 두려워하지 않았습니다. 아니, 학교에 가는 것을 즐겼다고 하는 편이 정확한 표현일 것입니다.

첫째는 학교에 가자마자 공부에 굉장한 흥미를 보였습니다. 몸은 마른 편이었지만 눈은 빛났고, 학교생활을 즐거워했습니다. 쪽지 시험을 볼 때마다 100점을 맞았다고 좋아했습니다.

아이는 그것이 '공부'라고 생각하는 것이 아니라 학교에 들어가기 전에 동네 언니들과 같이 했던 '학교 놀이'의 연장으로 생각하고 즐기는 것 같았습니다.

아이가 시험을 잘 봤다고 좋아하면 나도 함께 기뻐했습니다. 어떤 날은 "잘했다, 잘했어" 하면서 머리 위까지 번쩍 들어 올려 주었습니다. 그러면 더욱 좋아라고 함박웃음을 지었습니다.

아이들이 어째 그리 공부를 잘하는교?

둘째가 학교에 들어갔습니다. 나는 자전거의 뒷자리를 조금 넓혀 두 아이의 등교를 도와주었습니다.

첫째와 둘째는 성격은 대조적이었지만 학교생활은 너무나 닮았습니다. 무엇하나 열심히 하지 않는 게 없었습니다. 둘 다 그림 그리기를 좋아했고, 아이들의 그림은 늘 교실 뒤에 붙어 있었습니다. 국어 받아쓰기며 산수며 모두 재미있어했습니다.

아이들이 연년생이기 때문에 더욱 그랬겠지만, 선생님들과 학부형들의 입에 오르내리기 시작했습니다. 학년이 높아갈수록 우리 아이들은 더욱 유명해졌습니다.

내가 읍내에 가면 학교 앞 문방구 아주머니들은 학교 조회 때 상

주는 날이면 확성기를 통해 항상 우리 아이들의 이름이 불리었다고 나에게 알려 주곤 했습니다. 그리고 꼭 "아이들이 어째 그리 공부를 잘하는교?" 하며 부러워했습니다.

각종 미술 대회의 상을 두 아이가 독차지했습니다. 교내에서 달마다 주는 학력상과 군 교육청에서 수여하는 상, 청년 단체에서 주관하는 행사에서 주는 상을 놓치는 일이 없었습니다.

아빠가 매일 공부를 시키나 보지?

초등학교 고학년이 되자 선생님과 학부형치고 우리 아이들을 모르는 사람이 없을 정도가 되었습니다. 사람들은 우리를 만날 때마다 "그 집 아이들은 어떻게 그렇게 공부를 잘하나?", "아빠가 매일 붙들고 공부를 시키는 모양이지?" 하고 묻곤 했습니다.

셋째가 태어나고 두 해 후에 넷째가 태어났습니다. 우리는 딸부자가 되었습니다. 큰할머니는 이제 우리 집 대가 끊기게 되었다고 노골적으로 손주며느리를 구박하셨습니다. 셋째는 터를 잘못 팔았다고 구박 덩어리가 되었습니다.

그런 셋째가 다섯 살이 되었습니다.

'이제 셋째도 얼마 안 있어 학교에 보내야 할 텐데 어쩌지?'

나는 걱정이 되었습니다.

'그렇지! 그렇게 해 봐야지!'

나는 첫째와 둘째가 공부를 잘하는 것이 모두 그 '인형 놀이' 때문이라고 생각했습니다. 한번 그렇게 생각하니 점점 그 생각이 굳어져 갔습니다.

셋째도 드디어 '인형 놀이'를 시작했습니다. 주로 공주 아기 역할이었지만 셋째 넷째 모두 재미있어했습니다. 아기 역할을 하느라 누워 있다가 진짜 자 버리는 날도 있었습니다.

나는 서울에서 하던 대로 셋째에게도 종이 인형을 사다 주었습니다. 그리고 도화지와 색연필, 크레용을 구해다 주었습니다. 이웃집의 지난해 달력은 다 우리 아이들의 도화지로 사용되었습니다. 언니들이 그랬던 것처럼 셋째도 재미있어하며 즐겁게 놀았습니다. 자연스럽게 언니들을 따라 자기들이 그린 인형에 이름을 짓는 '글자 놀이', '1, 2, 3, 4 놀이', '구구단 놀이'를 했습니다.

때때로 셋째가 학용품을 함부로 썼다고 큰아이와 둘째아이가 엄마한테 일러바치는 일이 있었습니다. 그때마다 아내는 시원스레 "그래, 하나 또 사다 줄 테니 그것은 동생 줘라" 하고 대답했습니다. 아이들의 학용품 다툼은 늘 그렇게 마무리되었습니다.

셋째와 넷째도 학교에 들어갔습니다. 모두 기대 이상으로 공부를 썩 잘해 주었습니다. 나는 이제 확신을 하게 되었습니다. 그 '인형 놀이'가 공부였다고.

딸자식 많은 집안에 하나 아들 버린다?

첫째가 초등학교 5학년 때 막내가 태어났습니다. 아들이었습니다. 위로 딸만 넷이었기 때문인지 경사 났다고 다들 축하해 주었습니다. 막내는 건강하게 태어났습니다. 우리는 두고두고 하나님께 감사했습니다. 아내의 나이가 많아서 아기의 건강을 무척 염려했기 때문입니다.

얼마 후 첫째와 둘째는 중학교에 들어갔고 셋째와 넷째도 초등학교에 들어갔는데 공부를 썩 잘했습니다. 막내인 아들도 이제까지 누나들에게 해 주던 방법대로 하면 틀림없이 공부를 잘할 수 있을 것이라고 생각했습니다. 그래서 셋째와 넷째에게 '인형 놀이'를 막내와 함께 하라고 일러두었습니다.

막내가 서너 살 때까지는 아무 문제가 없었습니다. 누나들과 어울려 인형 놀이도 하고 소꿉장난도 했습니다. 그런데 다섯 살쯤 되자 상황이 달라졌습니다. 점점 누나들과 하는 인형 놀이나 소꿉장난에는 관심을 보이지 않았습니다. 방 안에서 놀려 하지 않고 자꾸 밖으로 나돌았습니다. 때로는 막대기를 집어 들고 칼이라고 후려치며 야단을 피우기도 했습니다. 잠시도 엉덩이를 바닥에 붙이고 있지를 못했습니다. 막내가 엉덩이를 바닥에 붙이고 있을 때는 오로지 텔레비전을 보는 시간뿐이었습니다. 그것도 로봇이나 만화영화가 방영될 때에만.

막대기를 휘두르는데도 누나들이 관심을 주지 않자 이제는 "야! 야!" 하고 고함까지 지르면서 혼자서 이리 뛰고 저리 뛰고 야단법석이었습니다. 누나와 집 안에서 소꿉장난을 하기보다는 아빠와 밭에 가서 놀기를 더 좋아했습니다. 나는 걱정이 되었습니다.

이제 올 것이 왔구나. '딸자식 많은 집안에 하나 아들(외아들) 버린다'는 옛 말이 꼭 맞구나. 나는 어긋난 '하나 아들'의 장래를 상상해 보았습니다. 유쾌한 기분이 아니었습니다.

막내는 착한 주인공보다 해적 선장 흉내 내기를 더 좋아했습니다. 《보물섬》에 나오는 주인공 소년 짐보다 외다리 해적 선장 실버의 흉내를 내면서 외다리로 달리는 것을 더 즐겼습니다. 그것이 뜻대로 되지 않을 때는 나무칼을 휙 내질렀습니다.

내가 걱정을 하니 할머니께서 이렇게 말씀하셨습니다.

"아직 어린아(이)를 두고 뭐 그리 조바심을 치노? 율이는 머슴아 아니가? 크면 다 점잖아지고 공부도 잘하게 된다. 못해도 할 수 없지 우야노? 공부도 다 지 팔자인기라."

나는 짜증이 났습니다.

"가만두어서 어떻게 저절로 잘되겠어요?"

누나들과는 확실히 달랐던 막내아들

그런데 막내 율이는 누나들과 한 가지 다른 점이 있었습니다. 누나들이 별로 재미있어하지 않는 로봇 전쟁 영화를 좋아한다는 점이었습니다. 만화영화에 나오는 로봇을 혼자 연필로 그려 보곤 하는 일이 잦았습니다. '옳다. 이것으로 시도해 보리라' 생각한 나는 읍내에 가서 서점이며 문방구에서 로봇만 잔뜩 나오는 그림책이 있는지 물어보았습니다. 문방구에서 그런 그림책을 찾을 수 있었습니다.

그런데 이게 웬일입니까? 그렇게 좋아할 수가 없었습니다. 그림책을 보자마자 아이는 바로 따라 그리기 시작했습니다. 많이 연습한 솜씨 같았습니다. 우리 식구는 모두 둘러앉아 막내가 그림 그리는 모습을 감탄하며 바라보았습니다.

우리 식구의 즐거움이 또 하나 늘었습니다. 막내가 그리는 그림을 보는 재미였습니다. 막내가 그리는 그림이 잘되었으면 누나들이 먼저 "아빠, 율이 그림 봐라" 하면서 좋아했고, 우리 부부 가운데 누구라도 먼저 보면 누나 넷은 물론이고 큰할머니(아이들 증조할머니), 작은할머니(아이들 할머니)까지 불러 모아 그림을 보여 주며 좋아했습니다.

우리의 격려는 여기서 그치지 않았습니다. 잘된 그림은 따로 벽에 붙이기도 하고 '코팅'이란 걸 해서 책받침으로 만들어 주기도 했습니다.

이것은 아이에게 또 다른 감동을 주었습니다. 처음 그림을 코팅해 주었을 때 막내 율이는 그림을 앞뒤로 살펴보면서 신기해했습니다. 누나들의 "코팅해 보자"는 제안은 율이를 한껏 고무시켰습니다.

넷째가 학교에 가지고 간 책받침이 반 친구들에게 인기를 끌었습니다. 넷째는 "내가 우리 반 친구들에게 보여 주었더니 서로 달라고 해서 할 수 없이 뺏겼다"고 했습니다. 막내는 처음에는 좀 아쉬워했지만 별로 기분 나쁜 눈치는 아니었습니다. "또 그리면 되지 뭐" 하면서 우쭐해했습니다. 한 장 더 그려 달라는 넷째의 제안이 떨어지기가 무섭게 막내는 또 그리기 시작했습니다. 그림을 받아 든 누나가 "이것은 반 아이들에게 코팅을 해서 나누어 주어야겠다"고 하자 막내는 더욱 신이 났습니다.

그리고 또 그리고, 막내의 로봇 그림은 그야말로 일취월장 발전해 갔습니다. 처음에는 그림책을 보고 그리더니 이제는 볼 것도 없었습니다. 온갖 상상력을 발휘해서 그림책보다도 더 멋진 로봇을 그려 냈습니다.

　막내가 초등학교에 입학하기 전해쯤으로 기억됩니다. 구룡포읍 청년 향우회에서 주최하는 어린이 그림 대회가 열렸습니다. 나는 아이들을 데리고 그 그림 대회에 갔습니다. 유치부도 있었는데, 그림의 주제는 자유였습니다. 막내는 로봇 그림을 그렸습니다. 다른 아이들도 그림을 그렸지만 곧 지루해졌는지 얼마 지나지 않아 대부분 본부석에 그림을 제출했습니다. 그런데 아직 그림을 다 그리지 못한 막내는 종료 시간까지 땀을 뻘뻘 흘리면서 신나게 그리고 있었습니다. 사람들은 죽 둘러서서 마지막까지 줄기차게 그림을 그리고 있는 꼬마를 바라보고 있었습니다. 어린 꼬마의 손끝에서 어떻게 그렇게 온갖 모양의 로봇이 나오는지 신기한 듯 바라보았습니다.

　결과는 유치부 최우수상이었습니다. 유치원, 미술학원 한 번 다니지 못한 산골 마을 촌뜨기가 쟁쟁한 읍내 아이들을 물리치고 최우수상을 받다니! 이제 막내는 신이 났습니다.

딸 넷은 됐는데 막내아들은…

이제 막내도 그림을 즐기게 되었으니 시작은 잘되었다 싶었습니다. 그래서 자연스럽게 자기가 그린 그림에 이름을 붙이는 놀이를 하면 글자 공부도 저절로 되리라 믿었습니다.

그러나 이것은 나의 오산이었습니다. 이리저리 '로봇 이름 짓기 놀이'를 유도해 보았지만 그때뿐이었습니다. 나는 고민에 빠졌습니다. 물론 아이가 글자도 제대로 모르는 지진아가 되리라고 생각하지는 않았습니다. 또 우리 한글은 배우기가 아주 쉬우므로 어떻게 배운들 글자야 익힐 수 있으리라 생각했습니다.

그러나 내게 중요한 것은 글자를 익히는 것 자체가 아니라 어떻게 글자를 익히느냐였습니다. 누나들처럼 즐겁게, 행복하게, 또 자연스럽게 '글자 놀이'를 통해 글자를 익힌다면 학교 공부가 즐겁게 느껴질 것입니다. 반면에 학교에 가서 매를 맞거나 벌을 받아 가면서(내가 어렸을 때에는 그렇게 배웠습니다) 글자를 배우게 된다면, 내가 어렸을 때에 그랬던 것처럼 '학교는 재미없는 곳이고 선생님은 무서운 분'으로 기억될 수밖에 없을 것입니다. 그렇게 되면 그 후유증이 평생 지속될 것이라고 생각하니 정말 끔찍했습니다.

이제 로봇 그리기를 통해 엉덩이를 바닥에 붙이고 앉아 한 곳에 정신을 집중하게 하는 데까지는 성공했습니다. 블록 놀이도 좋아해서 한 번 블록을 손에 잡았다 하면 몇 시간씩 가지고 놀았습니다. 그러나 이 놀이를 통해서 문자를 깨우치는 일은 쉬운 일이 아니었습니다.

막내의 실패 원인은?

먼저 실패의 원인을 분석해 보았습니다.

첫째, 위로 네 아이는 여자아이고 막내는 사내아이여서 성정이 다르다는 점입니다. 이 사실은 나도 이미 파악하고 있었습니다. 그래서 '인형 놀이'를 '로봇 놀이'로 바꾸었고, '살림 놀이'를 '로봇 만들기'와 '블록 쌓기 놀이'로 바꾸었는데, 왜 글자 익히기에는 이르지 못했을까요?

둘째, 환경이 달랐습니다. 우선 로봇은 종이 인형에 비해 가짓수가 얼마 되지 않아 그 이름이 다양하지 못했습니다. 우리 아이가 제일 좋아하는 '건담' 시리즈 외에는 '아이자크', '제타플러스', '윙윙', '더블제트' 정도였습니다. 그러니 로봇 이름을 활용하는 것은 한계가 있었습니다.

또 누나들과는 달리 로봇을 가지고 같이 놀아 줄 친구가 하나도 없었습니다. 누나들이 학교에 가고 나면 동네에 아이라고는 율이 혼자뿐이었습니다.

그래서 줄곧 아빠가 일하는 밭가에서 흙장난을 하고 놀거나 이 밭고랑 저 밭고랑을 따라다니면서 이것저것 궁금한 것을 물어보며 오전 시간을 지루하게 보내곤 했습니다.

한번은 이런 일도 있었습니다. 나는 수박밭에서 수박 순을 손질하고 있었습니다. 벌들이 윙윙 수박 꽃을 찾아다니는 모습을 신기한 듯 가만히 보고 있던 율이가 나에게 물었습니다.

"아빠, 벌이 왜 꽃에 앉았다 날아가는데?"

나는 그것을 설명해 줄 생각으로 먼저 수박 꽃 하나를 따서 꿀샘을 쪼개어 혀로 맛을 보라고 했습니다. 수박 꽃의 꿀샘은 단맛이 납니다.

"어때?" 하고 물었더니 '달삭하다(달다)'는 대답이 돌아왔습니다.

"그래, 그게 꿀이라는 거야. 벌은 꿀을 좋아하기 때문에 이 꿀을 빨아먹기 위해 꽃에 날아든단다. 벌은 이 꿀을 입으로 모아 집에 가져가서 새끼들도 주고, 집에 있는 다른 벌들에게 나누어 주기도 한단다. 또 이 수박 꽃에는 암술과 수술이 있단다. 이게 암술이고 이게 수술인데, 암술은 엄마꽃이고 수술은 아빠꽃이야. 아빠꽃 위에 있는 이 꽃가루를 엄마꽃 머리에 발라 주면 아래에 있는 작은 수박이 자라는 거야. 만약 이것이 이루어지지 않으면 수박은 굵어지기도 전에 떨어진단다. 이 수꽃가루를 날라다 암꽃 머리에 발라 주는 일을 벌이 한단다. 그래서 꽃은 벌이 오는 걸 무척 좋아한단다. 그리고 벌도 절대로 꽃이 다치지 않게 살짝 앉아 꿀을 모으지."

나는 내가 아는 지식을 총동원하여 될 수 있는 대로 자세히 설명해 주었습니다. 그런데 더 재미있는 질문이 튀어나왔습니다.

"그런데, 아빠! 벌은 자기가 이런 일을 하는 줄 알고 해, 모르고 해?"

벌은 자기가 하는 일, 즉 수꽃의 꽃가루를 날라다 암꽃 머리에 발라 주어서 수박을 굵게 만드는 이 중요한 일을 알고 하느냐, 아니면 그냥 꿀만 먹으려는 욕심으로 하느냐 하는 질문이었습니다.

나는 약간 당황했습니다. 나도 미처 거기까지는 생각하지 못했습니다. 이럴 때는 언제나 솔직한 게 최고입니다.

"아이고, 율이는 그것까지 다 생각하네? 그것은 아빠도 모른단다. 네가 나중에 커서 알아보아라."

"아빠, 그걸 어떻게 알아볼 수 있는데?"

질문이 또 이어졌습니다.

"어떻게 알아보는 방법이 있겠지. 직접 물어볼 수는 없지만."

막내는 내 대답이 이해가 잘 안 되는지 약간 고개를 갸우뚱했지만 더 캐묻지는 않았습니다.

나는 수박 꽃과 벌에 대한 나의 자세한 설명에 스스로 흐뭇해하면서도 어린아이의 질문에 놀라움을 금치 못했습니다. 사실 감탄했습니다. 이 희한한 질문이 아니었으면 아들과의 이 행복한 대화는 아마 까맣게 잊어버렸을 것입니다.

그래도 막내는 심심했습니다. 작은누나가 학교 갔다 오기만을 목을 빼고 기다렸습니다. 하루에도 몇 번씩 동네 어귀에 놓여 있는 콘크리트 다리까지 마중을 나갔습니다.

처음에는 시간 감각이 없었는지 누나가 학교 간 지 얼마 되지 않았는데도 마중을 나갔습니다. '나도' 마을 입구까지 혼자 갔다 올 수 있다는 것을 보여 주기 위해서인지, 집에서 기다리다가 지루해서 그랬는지 아직 누나 올 시간이 멀었다고 해도 막무가내였습니다.

험난했던 막내의
한글 깨치기

　　　　　　막내는 글자를 익히기 전에 '1, 2, 3, 4'를 먼저 깨달아 갔습니다. 그리고 자연스럽게 하나, 둘 숫자 놀이도 했습니다. 막내는 손가락과 발가락을 이용하여 하나 둘 셈도 해 보았습니다. 읍내에 사시는 외할머니가 가끔 우리 집 농사일을 도와주러 오시면 외할머니 발가락까지 빌려서 셈을 해 보기도 했습니다. 우리는 그저 좋아라고 아들이 하자는 대로 응해 주었습니다.

　그러다 얼마나 지났을까? 막내는 누나 마중 나가는 횟수를 세기 시작했습니다. 그리고 그 표로 한 번 마중을 갔다 오면 동네 어귀 다리 위에 선 하나를 그어 놓았습니다. 두 번 갔다 오면 두 개를 그었습니다.

누나가 집에 오면 "누나, 오늘 내가 다리까지 몇 번 갔다 왔는지 알아?" 하고 물었습니다. 누나가 알 리 없습니다. 그러면 "내가 선 두 개 그어 놓은 것 못 봤어?" 했습니다. "내가 두 번 갔다 왔잖아. 내일도 갈 거다. 누나 잘 봐" 했습니다. 그러다 어느 날부터 그 다리 위에 선 대신 '1, 2, 3' 숫자를 썼습니다. 그러고는 "누나, 오늘 다리 위에 2자 써 놓은 것 봤지?" 했습니다. 작은누나는 "그래, 두 번 갔다 왔어?" 하고 되물으면서 좋아했습니다. 2라는 숫자의 의미를 아는 동생이 대견해 보였던 것입니다. 막내는 이런 식으로 '숫자 놀이'를 계속했습니다.

다시 과자 가게를 할 수도 없고……

글자 공부는 숫자 공부와는 비교가 되지 않았습니다. 나는 여러 번 이런저런 방법을 시도해 보았지만 먹혀들지 않았습니다. 할 수 없이 다른 사람들이 다 하는 대로 '가갸거겨' 괘도를 사다 벽에 걸어 두고 가르쳐 보려고 마음먹었습니다. 아내가 읍내에 가서 글씨가 굵고 잘 쓰인 '가갸거겨' 괘도 한 장을 사 왔습니다.

나는 서두르지 않았습니다. 무리 없이 조심스럽게 가르쳐야 한다는 생각에 괘도를 벽에 걸어 두고 며칠을 기다렸습니다. 그리고 막내가 자연스럽게 드나들며 '가갸거겨'와 'ㄱㄴㄷㄹ'을 외워 주기를 바랐습니다. 그러나 그것은 나의 희망이었을 뿐, 막내는 며칠이 지나도 별 관심을 보이지 않았습니다.

그대로 놔두어서는 안 되겠다 싶어서 이제는 직접 가르쳐 보기로 마음먹었습니다. 그러나 이것 역시 막내에게는 무리였습니다. 자꾸 글자를 헷갈려 했고, 여간 힘들어하지 않았습니다. 그래서 나는 괘도를 치워 버리고 다시 원점에서 생각해 보기로 했습니다.

우리 율이가 글자를 쉽게 익히지 못한 것은 환경적 요인이 크리라는 결론은 이미 내린 바이나, 누나들과 다른 환경이 무엇인지는 구체적으로 생각하지 못했습니다. 그런데 곰곰 따져 보니 우리는 그때 과자 가게를 하고 있었고 지금은 농사를 짓고 있다는 사실에 생각이 미쳤습니다. 이 엄청난 차이를 뒤늦게서야 생각해 낸 것이었습니다.

우리 아이들이 두려움 없이 즐겁게 글자를 익히게 된 것은 순전히 어렸을 때의 환경 때문이리라. 아이들은 동화 속에 나오는 아이들처럼 그때 '과자로 만든 집'에 살지 않았나 하는 생각이 들었습니다. 아내와 나로서는 아주 힘든 시기였지만 아이들에게는 아마 일생 중 가장 행복한 때가 아니었나 하는 생각이 들었습니다. 그리고 그 맛있는 과자 이름을 활용하여 자기들이 그린, 자기들이 그렇게 예뻐하는 공주들의 이름을 지어 주며 자연스럽게 글자를 배웠으니 쉽게 익히지 않았겠나 하는 생각이 들었습니다.

그러나 지금 아들의 공부를 위해 '과자집'을 차릴 수도 없고, 참으로 난감했습니다. 그래서 '꿩 대신 닭'이라고 아들이 좋아하는 과일이나 과자가 잔뜩 그려져 있는 그림책으로 '글자 놀이'를 시작해 보리라 마음먹었습니다.

다시 학교 앞 문방구를 찾아갔습니다. 나처럼 생각하는 사람도 많은 모양이었습니다. 그런 책이 있었습니다. 도화지보다 좀 두꺼운 종이에 온갖 과일이 그려져 있었습니다. 이것이면 되겠구나 싶어 얼른 사 왔습니다. 그러나 그것도 허사였습니다.

"이것은 사과, 이것은 수박" 하면서 글자를 깨우치게 하려고 했지만 막내는 이내 시큰둥했습니다. 얼마나 흘렀을까? 맛있는 것들이 잔뜩 그려진 그림책이 이 구석 저 구석으로 굴러다니면서 모서리가 다 낡고 닳았을 무렵이었습니다. 큰누나 둘은 실제로 과자를 만져도 보고 먹어 보기도 해서 생생한데, 그저 그림책만으로 막내에게 글자를 가르치려는 것은 욕심이 아닌가 하는 생각이 들었습니다. 그래서 먹을 것을 사다 주면서 글자를 가르쳐 보리라 생각했습니다.

'이것도 최대한 재미있게 해 보리라' 마음먹고 궁리에 궁리를 했습니다. 아내와 의논한 끝에 엄마와 '편지 놀이'를 시켜 보리라 생각했습니다. 그래서 어린 아들을 불러 놓고 이제부터 엄마와 재미있는 '편지 놀이'를 해 보자고 제안했습니다. 막내는 좀 의아해하면서도 관심을 보였습니다. 엄마와 하는 편지 놀이가 재미있을 것 같았던 모양입니다.

아빠, 좀 잔인하지 않아요?

그때 아내는 집에서 가꾼 농산물들을 리어카로 읍내에 내다 파는 일을 주로 했습니다. 말하자면 나와 어머니, 할머니는 집에서 농사짓는 일을 전담하고 아내는 판매를 전담하는 방식으로 '분업화'했던 것입니다. 아내는 매일 시장에 나가 집에서 가꾼 채소나 과일, 토마토, 수박 등을 팔아 가계를 꾸려 나갔습니다.

나는 막내에게 '편지 놀이'에 대해 자세히 설명해 주었습니다. 편지 놀이는 이런 것이었습니다. 엄마가 시장에 갈 때 먹고 싶은 것이 있으면 그것을 말로 하는 것이 아니라 종이에다 써서 엄마에게 주는 놀이였습니다. 편지를 배달하는 사람도 받는 사람도 엄마인, 좀 싱거운 놀이였습니다.

그러나 규칙이 있었습니다. 시장에 도착하기 전까지는 절대로 이 편지를 펴 보지 않는다는 것이었습니다. 이때까지 엄마는 배달부 역할을 합니다. 그러나 가져간 농산물을 다 팔고 집에 돌아올 때에는 편지 배달부가 아니라 편지를 받아 보는 사람, 즉 수신자가 되어 아이의 편지를 볼 수 있는 것입니다. 이렇게 규칙을 정하고 놀이를 했습니다.

처음에 막내는 조금 걱정하는 눈치였습니다. 자기는 아직 글자를 모르기 때문에 '편지 놀이'는 어렵다는 것이었습니다. 나는 이미 그런 반응을 예상하고 있었기 때문에 얼른 이렇게 말해 주었습니다.

"어려울 것 하나 없다. 네가 가지고 있는 그림책 있지? 그것을 보고 네가 먹고 싶은 것을 쓰는 놀이란다. 너는 그림도 잘 그리는데 그까짓 쉬운 글자를 못 쓸까 봐? 오늘부터 당장 해 보자."

아이의 눈빛이 달라지다

첫날 '편지 놀이'의 편지 내용은 단 두 글자, '사과'였습니다. 그림책을 보고 사과 밑에 '사과'라고 써 있는 것을 다시 그린(?) 글씨였습니다. 아내는 막내가 접어 준 대로 편지를 지갑에 곱게 넣고는 시장에 갔습니다. 가져간 물건을 다 팔고 집에 올 때 그 편지에 써 있는 대로 사과를 사 온 것입니다.

그런데 놀라운 일이 생겼습니다. 아이의 눈빛이 완전히 달라지는 것이 아닙니까. 전에도 물론 사과를 사다 준 적이 있었지만, 이 사과는 아이에게는 단순한 사과가 아니라 특별한 '의미'가 있는 사과였습니다. 막내는 누나들을 부르며 엄마가 사과를 사 왔다고 소리를 쳤습니다. 누나들은 '이 아이가 사과 처음 봤나?' 하는 눈치였습니다. 막내는 "엄마가 내 편지 보고 사과 사 왔다!" 하면서 무척이나 좋아했습니다. 누나들은 그제야 알아차렸다는 듯이 "율이 사과 먹어 보자" 했습니다. 율이는 사과를 먹으면서 연신 싱글벙글이었습니다.

왜 그렇게 좋아했을까요? 오래도록 생각해 보았습니다. 막내는 아마 자기가 글자라고 쓴 것이 맞았는지 엄마가 올 때까지 궁금했을 것입니다. 또 자기가 쓴 암호 같은 그것이 제 역할을 다할까 하는 생각이 들었을 것입니다. 그런데 이제 이런 의문이 일시에 다 풀렸던 것입니다. 과연 글자라는 것은 이런 것이구나 하는 생각이 처음으로 들었을 것입니다.

그날부터 아들과 엄마의 '편지 놀이'는 재미있게 계속되었습니다. 당시 우리 형편으로는 '편지 놀이'를 계속하는 것이 다소 무리였습니다. 그러나 아내와 나는 훗날 과외비를 대는 셈치고 매일 이 과일 저 과일을 사다 날랐습니다.

며칠 지나서 아이들 가운데 하나가 이의를 제기했습니다. "먹는 것을 가지고 글자를 가르치는 것은 좀 잔인하지 않느냐"는 것이었습니다. 아이들 말이라 그냥 넘기려다가 가만히 생각하니 이건 분명히

짚고 넘어가야겠다는 생각이 들었습니다. 그래서 나는 강한 어조로 "글자를 모른다고 아이들을 매질하며 가르치는 게 잔인하냐, 우리가 지금 하는 것처럼 재미있게 맛있게 먹으면서 가르치는 게 잔인하냐?" 하고 따졌습니다.

아이들은 의외의 강력한 반격에 할 말을 잃었는지 아무 말도 하지 못했습니다. 나는 좀 길게 설명해 주었습니다.

"교육이란 어떻게 효율적으로 가르치느냐보다 나중에 이로 말미암아 아이가 어떤 느낌으로 살아갈 것인가가 더 중요하다. 이것까지 생각해야 한다. 당장에는 매질하며 가르치는 것이 훨씬 더 효율적일지도 모른다. 그러나 그 결과를 생각해 봐라. 공부 때문에 매를 맞으면 공부가 곧 원수처럼 느껴질 것이 아니냐. 그리고 우리 막내가 이 '놀이'를 즐거워하니 이게 어찌 '잔인'이 되겠느냐."

아이들은 내 말을 듣고 '말 한 번 잘못했다가 아빠한테 큰일날 뻔했다'는 표정을 지었습니다.

누나들의 도움을 받아 조금씩 편지글이 길어졌습니다. 얼마쯤 지나니 '사과 다섯 개 사다 주세요'로 발전했습니다.

누나들은 풍족히 먹는 재미로 율이의 편지 놀이를 열심히 거들어 주었습니다.

'딸기 아빠'가 되다

한번은 율이가 누나와 재미있게 노는 데 빠져 깜박 잊고 편지를 쓰지 못했습니다. 아내는 아이에게 "오늘은 편지 안 쓰니?" 하고 물었습니다. 막내는 그 말이 떨어지기가 무섭게 편지를 써서 엄마에게 주었습니다. 아내가 언제나처럼 시장에 가서 펴 보니 글자는 단 두 글자 '띨기'였습니다. "이놈 봐라? 바쁘게 설치더니……" 하며 아내는 한참을 웃었다고 합니다. 아무튼 아내는 잊지 않고 '딸기'를 사 왔습니다. 이른 봄이라 딸기가 귀한 철이었습니다.

막내는 좋아하면서 누나하고 나누어 먹었습니다. 아내는 슬그머니 그 편지를 아들에게 내밀었습니다. "이 편지, 자세히 봐라" 하자 그림책과 비교해 보고 점이 하나 빠졌다는 사실을 알아차렸습니다. "아 참! 내가 바빠서 점을 하나 빼먹었구나" 했습니다. 우리는 웃으면서 "그래, 이놈 띨기야!" 하면서 '띨띨한 놈' 이라고 놀려 주었습니다. 막내는 머리를 툭툭 치며 "다음에 잘 쓰지 뭐" 하며 스스로 위로하고 딸기를 맛있게 먹었습니다. 그날부터 나는 '띨기 아빠'가 되었습니다.

포항에 사는 부부 교사인 내 친구에게 이 이야기와 곁들여 글자 가르친 이야기를 하였더니 "우리 교사들도 생각하지 못한 발상이다" 라며 맞장구를 쳐 주었습니다.

이 일이 있은 후부터 막내는 글자에 남다른 흥미를 보이며 '글자 공부 놀이'를 즐겼습니다. 조금 지나서 우리는 그림이 아주 재미있고 글자가 많지 않은 쉬운 동화책을 사다 읽어 주면서 아이의 흥미를 돋우어 주었습니다.

이 일이 있기 전 나는 한동안 이런 생각을 했습니다.

'우리 율이는 그림도 잘 그리고 만들기도 잘하니 예술가로 키워 보리라. 사람은 누구나 타고난 소질이 있다고 하니 무리하게 글자를 익히게 하지 말자. 글자야 언젠가 알게 되겠지. 조급하게 굴기보다 좀 더 넉넉한 마음으로. 화가나 조각가 등 훌륭한 예술가도 좋지 않은가? 적성이 그쪽이면 그쪽으로 키워 보리라.'

그러나 "누나들은 공부를 다 잘하는데 '하나 아들'이 공부를 못한다"고 사람들이 막내를 놀리면 어쩌나 걱정되었습니다. 어린것이 커 가면서 그걸 이기고 자기 일을 성취해 나갈 수 있을지 염려되었습니다. 걱정도 팔자라고, 앞당겨서 걱정을 한 셈이었습니다.

우리 아이가 무엇에 관심이 있는지, 무엇을 좋아하는지를 알아 그것을 '글자 공부 놀이'로 이끌어 갈 수 있었던 것은 어찌 보면 내겐 행운이었습니다.

내 아이를 남의 아이들과 비교하며 지적 수준을 높이려고 조급하게 굴기보다 우리 아이들의 '가슴(心)높이'에 맞추어 '공부 놀이'를 시킬 수 있었다니, 나는 정말 운이 좋은 아빠인지도 모릅니다.

공룡과 함께 크는 아이들

　　　　　둘째 딸아이 집에 갔을 때의 일입니다. 저는 외손주가 둘입니다. 여섯 살짜리 둘째는 아직 한글을 제대로 읽지 못합니다. 일곱 살인 제 누나는 이런 동생을 보고 아주 큰 일이라도 난 것처럼 자주 걱정을 합니다. 마치 어른이 시켜서 하는 것 같은 느낌이 들 정도입니다.

　그런데 우리 둘째 손주가 다른 글자는 잘 몰라도 공룡 이름에 들어간 글자는 신기하게도 다 압니다. 처음 그 이야기를 듣고 무슨 말인지 잘 이해가 되지 않았지만, 아이가 즐겨 읽는다는 공룡 이야기책을 함께 보면서 하나하나 확인해 보고 나서야 이해할 수 있었습니다.

예를 들면 '테크노사우루스'라는 공룡이 있는데 여기에 나오는 '테' '크' '노' '사' '우' '루' '스' 일곱 글자는 어디에 나와도 다 읽을 수 있었다는 것입니다. 다른 이름도 마찬가지였습니다. 우리 손주 책에는 공룡이 열 마리, 스무 마리 나오는 게 아닙니다. 다 세어 보지는 않았지만 아마 수백 마리는 될 것 같았습니다. 나는 손주들이 가지고 노는 공룡 책을 보고서야 공룡의 종류가 그렇게 많은지도 처음 알았습니다. 그런데 우리 손주는 그 많은 공룡의 이름을 아주 줄줄 외웁니다.

그래서 다시 확인해 볼 요량으로 바로 공룡 밑에 있는 이름을 짚지 않고 문장 속에 나오는 이름을 손가락으로 짚어 가면서 물어보았더니 역시 바로 읽었습니다. 그래서 다시 다른 문장 속에서 공룡 이름에 들어 있는 글자를 하나하나 손가락으로 짚어 가며 물어보았습니다. 역시 하나하나 다 읽을 수 있었습니다. 아무리 생각해도 이는 정말 신기한 일이 아닐 수 없었습니다.

우리 손주가 그 많은 이름을 하나도 빠짐없이 다 알 뿐 아니라 공룡의 특성까지 다 알다니, 이건 정말 신기한 일이 아닐 수 없었습니다. 어느 공룡이 초식 공룡인지 잡식 공룡인지 육식 공룡인지까지도 다 알았습니다. 다른 글자는 모르면서 공룡 이름에 쓰인 글자만 낱낱이 다 기억하다니, 이건 분명 이상한 일입니다. '테크노사우루스'라는 이 일곱 글자는 다른 어디에 나와도 다 읽을 수 있다니, 그것도 따로따로 나와 있어도 알 수가 있다니 말입니다.

다시 한 번 입증된 '놀이의 힘'

그런데 가만히 생각해 보니 이런 일은 제 엄마와 이모와 외삼촌이 그 나이일 때에도 있었던 일이었습니다. 그렇기 때문에 더 신기했습니다. 똑같은 일이 2대에 걸쳐 일어나다니……. 내가 다섯 남매를 키우면서 기록했던 내용들이 조금도 과장 없는 사실이라는 것을 다시 한 번 확인한 셈이 되었습니다.

그 원인이 무엇일까 다시 생각해 보았습니다. 하지만 역시 똑같은 결론에 도달할 수 있었습니다. 제 이모들은 저희들이 제일 좋아하는 '공주 놀이'를 통해 글자를 배우고, 그 글자를 따라 다시 공주 이름을 새로 지어 보면서 글자를 익혔습니다. 외삼촌은 자기가 제일 좋아하는 로봇 이름을 통해, 그리고 가장 먹고 싶은 과일 이름으로 제 엄마와 편지 놀이를 하면서 글자를 익힐 수 있었습니다. 우리 둘째 손주가 자기가 제일 좋아하는 공룡과 놀면서 글자를 깨치는 것, 어쩌면 너무나 자연스럽고 당연한 일인지 모릅니다. 그 사실을 다시 한 번 손주에게서 확인하고 나니 아이들의 학습 능력이란 게 전에 없이 신기하게 느껴졌습니다. 사람은 누구나 자기가 제일 좋아하는 것에 가장 집중할 수 있으며, 이때에 잠재해 있던 능력이 용수철처럼 튀어나오는 것 같았습니다.

그러고 보니 넓은 거실은 구석구석 온통 공룡 인형들로 가득했습니다. 방 안 책꽂이에도 온통 공룡 책들로 가득합니다. 공룡 DVD를 보면서 그 특성을 할아버지에게 이야기해 주는 어린 손주의 어설픈 말이 어찌나 귀여운지, 저녁 내내 온 식구가 은수(외손주 이름)의 공룡 이야기로 재미나게 웃을 수 있었습니다.

우리 손주들에게 텔레비전 앞 넓은 거실은 먼 옛날 공룡이 놀던 넓은 초원인 것 같았습니다. 이제 우리 손주는 그 공룡과 함께 노는 작은 거인입니다. 이런 상상을 할 수 있었던 것은 지난 여름휴가 때 제 할아버지 할머니가 사는 산과 들에서의 체험이 한몫하였을는지도 모릅니다.

그런데 왜 아이들은 사자나 곰, 사슴, 치타, 하이에나, 코끼리처럼 우리가 실제 동물원에서 볼 수 있는 동물보다 공룡을 더 좋아할까요? 아마 현실에 존재하지 않는 동물이 더 자유로운 상상을 가능하게 하기 때문이 아닌가 생각합니다. 이것이 또한 아이들로 하여금 쉽게 공룡에 빠져들게 하는 마력이 아닐까 하는 생각이 듭니다.

어릴 때에 온갖 '공부 놀이'를 하던 우리 아이들이 다시 생각났습니다. 이번 일로 아이들 교육은 왜 꼭 자기들이 제일 좋아하는 '놀이'를 통한 공부'라야 하는지 재차 확인할 수 있어서 매우 기뻤습니다.

3

수학은 골치 아프고
영어는 부담스럽다?

영어·수학 기초 닦아 주기

수학은 생각만 해도 골치가 아프다?

우리는 어린아이들을 보고 '철모르는 어린것들'이라고 말합니다. 철을 모른다는 것은 철(계절)이 바뀌는 줄을 모른다, 다시 말해서 세월 가는 줄 모른다는 뜻입니다. 이 말에서 알 수 있듯이 아이들은 숫자 개념이 확실하지 못합니다.

나는 초등학교에 다니면서도 날짜 가는 줄을 잘 몰랐습니다. 어느 흐린 날 낮잠을 자다가 깨어나서 하루가 지났으니 다시 학교에 가야 한다고 냇가에 가서 세수를 한 적이 있습니다(우리는 그때 집에서 세숫물을 떠다 얼굴과 손발을 씻지 않았습니다. 우물에 가서 직접 두레박으로 물을 퍼서 씻든지 시냇물이 흐를 때에는 냇가에 가서 씻었습니다). 초등학교 저학년 때에는 이런 일도 있었습니다. 방학이 되어 외가에

갔는데, 며칠이 지나면 방학이 끝났을지 모른다고 집에 와서 동네 친구들이나 형들이 학교에 가는지 알아보고 다시 외가에 가곤 했습니다. 외가 동네 친구들이 아니라고 해도 나는 학교가 다르니 믿을 수가 없어서 내내 걱정을 하다가 다시 20리가 넘는 길을 넘어오곤 했습니다.

수학은 왜 골치 아픈 과목이 되었을까

이런 내 어릴 적 경험들은 아이들이 숫자 개념을 익히는 데 생각보다 오랜 세월이 필요하다는 것을 입증하는 것이 아닐까 싶습니다. 그러나 어른이 되면 누구나 내가 언제 그런 시절이 있었느냐는 듯이 까맣게 잊고 아이들에게 1, 2, 3, 4를 가르치고, 그것을 어지간히 익힐 만하면 바로 더하기 빼기를 시작합니다. 마치 1, 2, 3, 4는 더하기 빼기를 배우기 위한 전 단계로 생각하는 것 같습니다. 이런 조급증이 얼마나 무서운(?) 결과를 초래하는지 전혀 모르고, 남이 다 그렇게 하니 아무 생각 없이 그저 따라 하는 것입니다.

이것은 마치 아직 사춘기도 모르는 아이들에게 애정 소설을 읽히면서 성인의 감정을 이해해 보라고 요구하는 조급증과 다를 바 없습니다. 숫자 개념이란 1, 2, 3, 4를 쓰고 읽을 줄 안다고 잡히는 것이 아니며 구구단을 줄줄이 외운다고 알게 되는 것도 결코 아닌 것입니다.

나는 요사이 컴퓨터를 배운다고 이 사람 저 사람에게 신세를 지고 있는데, 그 컴퓨터의 용어들을 제대로 이해하지 못해 애를 먹고 있습니다. 이 말이 저 말 같고 저 말이 이 말 같아서 도무지 용어의 개념이 잡히지 않습니다. 그래서 인터넷을 한다고 이곳저곳을 헤매고는 있지만 남과 컴퓨터에 대해 이야기하는 것은 주저하고 있습니다. 용어에 대한 완전한 이해 없이 함부로 이 말 저 말을 하다가 무식꾼 소리를 들을까 염려가 되기 때문입니다.

예순을 넘어 일흔을 바라보는 나이에 세상을 살 만큼 살았는데도 생소한 것을 익히는 데는 이렇게 곤욕을 치르는데, 네댓 살 난 어린것들이 1, 2, 3, 4를 쓰고 읽는다고 해서 어찌 숫자 개념을 온전히 이해할 수 있겠습니까.

아이들 다섯을 키우면서 살펴보건대, 1, 2, 3, 4를 가르치고 1은 하나 혹은 첫째의 의미가 있다는 것과 2는 두 개 혹은 둘째의 의미가 있다는 것을 깨닫는 데는 2년 이상이 필요하지 않았나 생각됩니다. 그런 아이들에게 덧셈 뺄셈을 조기에 시킨다면 아이들이 얼마나 부담을 느끼며 머리 아파하겠습니까. 그래서 아이들은 숫자란 골치 아픈 것이라는 생각을 일찍부터 하게 되는 것이 아닌가 합니다.

우리의 잠재의식 속에 늘 수학은 골치 아픈 과목이라는 인식이 남아 있는 걸 보면, 자연스럽게 숫자 개념이 잡히기도 전에 무리하게 산수 공부를 했기 때문이 아닌가 생각됩니다.

어릴 적에 겪은 골치 아픈 경험으로 인해 '산수란 지긋지긋한 것'으로 인식되면 평생 산수 공부를 잘하기는 틀렸다고 봐야 할 것입니다. 이 얼마나 안타까운 일입니까.

'1+1=2'의 의미

1+1=2를 우리는 '일 더하기 일은 이'라고 읽습니다. 그런데 나는 초등학교 졸업할 때까지 이 '는(=)'이라는 등호의 의미를 제대로 이해하지 못했습니다. 중학교에 들어가서 등호(=) 부등호(〈 〉)를 공부하고 나서야 그 의미를 어렴풋이 이해했다고나 할까요? 그전까지는 그저 '는(=)'이라고 읽으면서 이 '는(=)'의 다음은 답을 써야 하는 것으로 알았습니다. 즉 '는(=)'은 다음에 답을 쓰라는 지시 부호쯤으로 알고 있었지, 왼쪽 항과 오른쪽 항이 같다, 혹은 같게 하라는 등호로서의 의미를 이해하지 못했습니다.

그만큼 나는 수학의 기초가 부실했습니다. 그러니 학교에 가서 배우는 수학은 나에게 골칫거리일 수밖에 없었습니다. 더하기, 빼기, 곱하기, 나누기 외의 수학이란 게 왜 필요한지 당시는 이해하지 못했습니다.

그뿐 아니었습니다. 1+1=2인 경우 나는 1+1=( ) 일 때 이 ( ) 안에 써야 할 답은 꼭 '2' 자뿐이라고 생각했습니다. '는', 즉 '='이 등호이면 이 등호를 만족시키는 답이야 얼마든지 있습니다. 1+1=4−2,

1+1=4×½, 1+1=4×0.5 등.

이뿐 아니라 무수히 많은 답을 쓸 수가 있을 텐데도, 나는 꼭 '2'만 써야 하는 것으로 알고 있었습니다. 그만큼 사고의 틀이 고정되었으니 수학이란 학문에 재미를 느낄 수 없었던 것입니다.

수학은 계단 오르기

이렇게 열린 생각으로 접근할 수 없었던 것이 누구의 잘못인지 알 수 없지만, 나는 나의 이런 경험으로 미루어 나의 아이들에게는 어떻게 하든지 수학의 기초를 확실히 잡아 주려고 노력했습니다.

어떤 문제든 그 문제를 해결하지 못할 때에는 언제나 그 기초를 옳게 이해하지 못한 것으로 생각하고, 그 기초를 다시 다지도록 도와 주었습니다.

수학은 '63빌딩'과 같은 것으로 한 계단 한 계단을 밟으면 누구나 끝까지 오를 수 있는 학문이 아닌가 생각합니다. 어떤 사람은 다리가 길어 두 계단 세 계단을 건너뛰면서 올라갈 수 있을지 몰라도 그 이상의 여러 계단은 어렵습니다. 나는 아이들에게 착실히 한 계단 한 계단을 잘 밟아 가라고 일러 주곤 했습니다. 이것이 내가 아이들에게 해 줄 수 있는 전부였습니다.

1+1=2를 일 더하기 일 '은' 이라고 하지 않고, 일 더하기 일 '같게' 혹은 '같고', '같이'라고 읽도록 초등학교 저학년부터 입에 붙여 주었

더라면 훨씬 일찍 이 등호의 의미를 이해할 수 있었을 텐데요. 영어로는 'one plus one equals two'라고 읽지 않나요? 수학이란 등호를 만족시키는 학문이라고 합니다. 이렇게 볼 때 이 등호의 의미를 제대로 그리고 일찍 이해하느냐 그렇지 못하느냐에 따라 그 결과는 엄청난 차이가 나리라 생각합니다.

  나는 수학을 잘하지 못했지만 아이들의 수학 코치 노릇은 잘했다고 생각합니다. 아이들의 수학책을 보고 새로운 공식이 나올 때마다 "아빠는 무슨 말인지 잘 모르겠는데, 쉽게 이야기해 줄 수 있겠니?" 하고 몇 번씩 졸랐습니다. 그러면 아이들은 그것을 나에게 설명하기 위해 공부하는 과정에서 그 공식을 완전히 소화해 내곤 했습니다.

케이 아이 에스 에스가 뭐지?

　　　　　　요즈음은 텔레비전 광고도 재미있습니다. 한 이동통신 회사의 광고는 유행어를 만들어 내기도 했습니다. "내 꿈 꿔" 하는 말이 그것인데, 정다운 청춘 남녀의 작별 인사로 참 재미있는 표현입니다. 그 2탄으로 나온 광고도 재미있었습니다.
　한 소녀가 놀이터 그네에 앉아 옆에 앉아 있는 소년에게 "받고 싶은 선물 있어" 하면서 휴대 전화기 소리샘에 그 내용이 들어 있으니 전화기를 열어 보라고 눈짓을 합니다. 상대 소년이 전화기 소리샘을 열면 "케이 아이 에스 에스" 하는 소녀의 말이 수줍음을 머금고 또박또박 흘러나옵니다.
　그러나 나는 처음 그 뜻을 얼른 알아듣지 못했습니다. 나중에 그 소년이 인형을 옆에 앉아 있는 소녀의 입에 갖다 대면서 "뽀뽀" 하는 장면을 보고서야 겨우 알아들을 수 있었습니다.

다음 날 내가 시험 삼아 아내에게 그 장면을 가리키면서 "저게 무슨 말이지?" 하며 물었더니 아내는 "요새 광고도 어려운 게 많아요"라며 아직도 그 뜻을 알지 못하고 있었습니다.

이것이 우리 부부의 영어 실력입니다. 그래도 아이들에게 영어를 가르쳐야 한다고 이것저것 제안을 하며 조언을 주었으니, 하여튼 우리는 자녀 교육에 있어서는 대단히 용감한(?) 사람들이었습니다.

그런데 이것이 어찌 전적으로 내 탓만이겠습니까. 이것은 우리의 영어 교육에도 상당한 책임이 있다고 나는 생각합니다. 영어를 자그마치 6년 이상 한다고 했는데도, 세월이 좀 흘렀기로서니 '케이 아이 에스 에스'도 얼른 알아듣지 못하다니. 나는 이것이 순전히(?) 영어 교육 제도 자체에 문제가 있기 때문이라고 말하고 싶습니다.

나는 영어를 듣기, 말하기부터 하지 않고 단어 외우고 문장 해석하는 공부부터 먼저 했습니다. 문제의 원인은 바로 거기에 있지 않았나 생각합니다.

어느 나라 사람이고 자식에게 말을 가르치는데 '가갸거겨'부터 가르치는 사람이 있을까요? 아닙니다. 그렇게 말을 가르치는 사람은 이 세상 어디에도 없습니다. 그저 온 정성을 다하여 '엄마'라는 말을 수백 번 수천 번 들려주면서 아이의 입을 열려고 애를 씁니다. 가장 행복한 표정으로, 가장 사랑스러운 음성으로 그 말을 먼저 귀에 익혀 주려고 애를 씁니다.

이렇게 '엄마, 맘마, 아빠'를 먼저 귀에다 가르치는 것입니다. 그 순간은 어떤 글자나 문법도 엄마와 아기 사이에 끼어들 틈이 없습니다. 이렇게 자막이 없는(글자를 의식하지 않는), 생동감 있는 언어들이 우리의 가슴에 자리한 뒤에 우리는 문자라는 매개를 통해 다른 사람에게 우리의 의사를 전달하는 방법을 배우게 되는 것입니다. 이것이 순리요, 가장 효과적이라고 나는 생각합니다.

그러나 오늘날 우리의 외국어 교육은 이런 자연스러운 언어 습득 과정을 무시한 채 거꾸로 글자를 먼저 공부하고 말을 글자 따라 배우게 합니다. 그 결과 우리가 현실에서 뼈저리게 느끼듯 10년, 아니 그 이상을 공부해도 외국인 앞에서 언제나 수화(?)를 동원하지 않으면 의사소통이 불가능합니다.

좀 주제넘은 소리 같으나 지금부터라도 외국어 교육을 과감히 개혁해야 하리라 생각합니다. 글자를 전혀 생각하지 않고 먼저 말을 듣고 따라 해 보는(엄마가 아기를 가르치듯) 훈련부터 시작해야 한다고 생각합니다.

그러나 어쩌겠습니까. 현실을 탓하며 가만히 앉아 있을 수는 없는 일이겠지요. 그래서 나는 첫째가 중학교에 들어가자마자 녹음기부터 샀습니다(30년 전의 일입니다. 당시 우리의 형편으로는 녹음기 사는 일도 어려웠습니다). 그리고 교과서 테이프를 사서 매일 영어를 들려주는 일로써 이 일을 대신했습니다. 특히 원음을 다른 사람의 도움 없이 그대로 따라 흉내를 내 보라고 강조했습니다. 그렇게 함으로써 아이들의 귀를 뚫어 주려고 애를 쓴 것입니다. 우리가 어릴 적 아이들에게 '닭소리 개소리'를 흉내 내 보라고 하듯이, 아무도 도움을 주지 않고 순전히 녹음기 소리만 듣고 그대로 '흉내' 내 보라고 한 것입니다.

그런데 참 재미있는 현상이 나타났습니다. 우리가 어릴 때 발음 기호를 보고 배운 영어 발음과는 다른 소리가 나왔습니다. 엉터리 발음도 나왔지만 혀를 굴리며 하는 폼이 훨씬 영어 같은 발음이 흘러나왔습니다. 나는 틀린 것은 나중에 선생님이 교정해 주리라 믿고 일절 발음 교정을 시도하지 않았습니다.

이렇게 우리 아이들 영어 공부는 시작되었습니다. 이런 방법은 요사이 아이들이 영어 공부하는 것에 비하면 원시적인 방법입니다. 요사이는 외국인도 많이 접할 수 있고, 외국어 학원 같은 곳에서는 직접 외국인이 가르치는 곳도 많으니 옛날보다 영어 공부하기는 훨씬 쉬우리라 생각합니다. 그러나 당시엔 이런 방법이라도 우리 아이들이 영어에 취미를 붙이는 데 상당한 도움을 주었습니다.

등굣길의 영어 공부

그 후 나는 차를 한 대 사서 카세트로 막내에게 영어 교과서 테이프를 들려주었습니다. 나는 이를 위해 막내의 중학교 3년 등굣길을 하루도 빠짐없이 차로 태워다주었습니다. 그때 아내는 위로 두 딸을 돌보기 위해 조그만 가게를 하면서 포항 시내에 방을 얻어 아이들과 함께 지냈는데, 나는 매일 낮에 가게 일을 도와 주고 저녁엔 막내의 등교를 위해 꼭 집에 와서 잤습니다.

우리 집에서 학교까지는 차로 12분 걸리는 거리입니다. 그러나 이 12분은 그날 배울 영어 한 단원을 들려주기에 충분한 시간이었습니다. 짧은 단원은 두 번 이상 들려줄 수가 있었습니다. 물론 영어가 그날 수업에 들어 있지 않아도 매일 들려주었습니다. 하루에 12분, 한 달 해 봐야 일요일 빼고 나면 300분 조금 넘는 시간이지만, 나는 이를 위해 매일 포항에서 구룡포까지 출퇴근을 한 셈입니다. 그러나 차 안에서 이를 꼭 암기해야 한다고 강권하지는 않았습니다. 나와 이런저런 얘기를 하면서 자연스럽게 듣도록 했습니다.

이렇게 한 달을 하면 자연스레 영어 교과서 한 과를 다 암기할 수 있었습니다. 그리고 중학교 1학년 영어 시험이라야 별것이 없습니다. 대부분 단어 시험이고, 문장 가운데서 전치사나 부사 정도를 괄호 안에 넣는 것에 불과했습니다. 그러니 이렇게 교과서 전체를 통째로 암기하는 막내에게는 그야말로 식은 죽 먹기였습니다. 당연히 언제나 100점이었습니다.

이곳 구룡포중학교 2학년 겨울방학 때 막내는 포항 시내에 있는 포항중학교로 전학을 했습니다. 엄마가 늘 포항에서 누나들과 같이 있고 가게에 매달려 있으니 중3짜리 아들에겐 여간 불편한 것이 아니었습니다. 포항중학교로 전학을 해서도 나는 전처럼 아들의 등교를 도와주었습니다.

포항시 해도 1동의 우리 집에서 학교까지는 15분 남짓 걸렸습니다. 그런데 나중엔 등굣길 중간쯤인 죽도어시장 앞 도로를 확장한다고 길이 막혀 15분, 20분이 걸리는 때도 있었습니다. 그 일은 수개월 만에 끝났는데, 다른 사람들에게는 엄청 짜증스러운 길이었지만 우리에겐 오히려 황금 같은 시간이었습니다. 그 시간 내내 영어 테이프를 들을 수 있었으니 이런저런 이유로 해서 우리 아들의 영어 실력은 일취월장하여 중학교 최고 수준이 되었고, 그 어렵다는 경북과학고에 입학할 수 있었습니다.

참고서 선택도 중요하다

요사이는 더 좋은 영어 참고서가 많이 나와 있으리라 생각합니다. 그러나 당시 나는 어느 책이 좋은지 잘 알지 못했습니다. 그러나 참고서 고르는 한 가지 기준을 갖고 있었습니다. 가능한 한 친절하게 설명이 잘 돼 있는 책을 골라 주자는 것이었습니다. 내가 영어를 잘 모르다 보니 그런 책은 독학으로 읽어도 될 성싶었기 때문입니다. 내가 골라 준 책은 《MAN TO MAN》이라는 책이었습니다.

이 책을 줄줄 읽어 가면서 모르는 단어는 문장과 같이 따로 단어장에 기입해 두었다가 그날그날 익혀 가라고 일러 주었습니다. 그리고 암기는 한자 공부할 때의 방법대로 해 보라고 했습니다. '하루에 네가 익힐 만큼 단어를 찾아 기입하고 그것을 암기하되, 그 날만 익히고 다음 날은 잊어버려라' 하는 주문이었습니다. 이 일은 중학교 2학년 겨울방학 때부터 시작했는데, 우리 아이들은 대부분 하루에 30개 정도의 단어를 찾았고 그날그날 그것을 익혀 갔습니다. 그전에는 별 기초가 되어 있지 않기 때문에 무리라고 생각했습니다.

참고서 공부 역시 "책장 넘기는 재미로 해 보라"고 일러 주는 걸 잊지 않았습니다. 처음부터 단어, 숙어, 문법까지 다 익히려고 하지 말고, 그저 소설을 읽듯이 술술 읽어 가면서 모르는 단어는 찾아서 기입하고, 그날그날만 암기해 보고 덮어 버리라고 말해 주었습니다.

막내가 과학고에 다닐 때 한번은 영어 선생님이 "너는 어떻게 영어 공부를 했느냐?"고 물었다고 합니다. 그래서 "뭐라고 대답했느냐?"고 물었더니 "맨입에 그 비결을 다 말해 주면 안 되지요" 하면서 훤칠하게 자란 아들이 아빠를 웃겼습니다.

4

책 읽기도 가슴높이로

5남매 책을 즐기게 만든 '평범한' 비법

책 사러 가는 날은
나의 휴일

　　　　　　　나의 아이들이 행복하게 글자를 익힌 것은 아이들이
나 나에게 무엇과도 비교할 수 없는 행운 중의 행운이었습니다.
　나는 그전부터 아이들이 학교에 가면 독서하는 습관만은 꼭 붙여
주리라 생각하고 있었습니다. 내가 살아온 경험에 비추어 독서하는
습관이 붙지 않은 아이는 절대로 공부를 잘할 수 없다는 확신 때문
이었습니다.
　취학 전 교육에 조금 자신을 얻은 후부터 나는 독서 습관을 붙여
주기 위한 계획을 하나둘 진행했습니다. 독서하는 습관을 붙여 주
기만 하면 우리 아이들의 학교 성적이 쑥쑥 오르리라고 기대했던 것
은 아니지만, 어느 분야를 공부하든 그것이 좋은 토양이 되리라고

생각했습니다.

'공부가 인생의 전부는 아니라고 흔히들 말하지만 공부를 잘하면 직업 선택의 폭이 넓어질 것이 아닌가. 어느 분야를 공부하고 싶은데 성적이 모자라서 할 수 없이 다른 분야를 선택하게 된다면 얼마나 안타까운 일인가.'

나는 이런 생각으로 아이들이 훗날 자기가 원하는 분야에서 열심히 일하며 살아갈 수 있도록 도와주어야겠다는 원대한(?) 포부를 갖고 이 계획을 추진했습니다.

처음에 그저 '놀이'로 시작한 '그림 공부 놀이'도 나중에 심화 학습에 필요한 끈기와 인내를 몸에 배게 하기 위한 '예비 훈련'으로 생각했습니다. 나 스스로 일을 늦게 배워 일생을 반농사꾼으로 고생한 것을 생각하며 내 아이들은 '반풍수' 소리를 듣지 않게 어릴 때부터 공부하는 습관을 심어 주려 애썼습니다. 그래서 '그림 공부 놀이'부터 계속 격려하며 도와주었습니다. 그러다 차츰 책과 친해지도록 취학 전부터 예쁘고 튼튼한 책을 사다 주었습니다. 그림과 글자 모양도 예쁜 책이어야 했습니다. 문장도 잘 읽어 보고 아이들이 쉽게 친해질 수 있을 것이라고 판단되는 책을 고르려고 노력했습니다.

내가 책을 사 오면 아내는 그 책을 아이들에게 소리 내어 읽어 주었습니다. 처음에는 자기 자식에게 책을 읽어 주는 것이 좀 어색했겠지만 곧 더할 수 없는 행복을 느꼈을 것입니다. 나도 아내가 아이들에게 책을 읽어 주는 모습을 보면서 그렇게 흐뭇할 수가 없었습니다.

이곳 구룡포읍에서 포항까지는 약 24km 거리로 옛날부터 60리가 좀 넘는다고 했습니다. 나는 한 달에 몇 번씩 포항 시내로 나갔습니다. 그날은 농사일을 하지 않고 종일 노는 날이었습니다. 그러나 그냥 노는 게 아니라 이 책방 저 책방을 돌아다니면서 아이들이 읽을 만한 책을 골라 주는 즐거움을 맛보는 날이었습니다.

처음엔 이 책방 저 책방 많이도 다녔습니다. 그러다 단골 책방이 생겼습니다. 주인과 잘 알게 되면서부터는 우수 고객 확보 차원에서 10% 할인 혜택까지 받을 수 있었습니다. 당시에 책값은 정가제였기 때문에 할인은 그리 간단한 일이 아니었습니다. 그 후부터 나는 꼭 그 집에서 책을 샀습니다. 그러면 포항을 왕복하는 버스비가 나오고도 남았으니 차비가 별도로 더 들지 않는 셈이어서 기분이 좋았습니다.

엄마 아빠의 대화와 텔레비전 연속극을 활용하다

나는 텔레비전 어린이 연속극에 나오는 책은 꼭 사다 주었습니다. 이 방법은 아이들에게 독서 습관을 붙여 주는 데 상당히 효과가 있었습니다.

예를 들어 '보물섬'이라는 어린이 만화 연속극이 나오면 그 책을 재빨리 사다 주는 것입니다. 텔레비전 연속극은 꼭 재미있을 만하면 끝나고 다음 편을 기다리게 했습니다. 아이들은 이 때문에 계속 그 프로그램을 보게 되는데, 책을 사다 주면 그걸 안 보고는 못 배깁니다. 그다음이 어떻게 될지 궁금하기 때문입니다. 물론 텔레비전 연속극의 내용이 책과 똑같이 진행되는 것은 아니지만, 궁금증 때문에 아이들은 자연스럽게 책을 읽게 되었습니다.

이렇게 하다 보면 처음에는 책을 좋아하지 않던 아이도 책 한 권을 다 읽게 되고, 몇 번 그런 식으로 책을 읽다 보면 그것이 습관이 되어 책을 가까이하게 되었습니다. 나는 우리 아이들을 이렇게 홀렸습니다(?).

우리 부부는 많이 배우지는 못했지만 그래도 어릴 적 읽어 둔 동화책이 우리 아이들의 독서 습관을 붙여 주는 데 요긴하게 이용되었습니다. 저녁에 아이들과 같이 있을 때 우리는 어릴 적 읽은 책 이야기를 많이 했습니다. 주로 명작 동화에 관한 이야기였습니다. 읽은 지가 너무 오래되어 줄거리를 다시 한 번 읽어 보고 이야기할 때도 있었습니다. '홈즈' 이야기도 했고 '삼국지' 이야기도 했습니다. '알프스 소녀', '엄마 찾아 삼만리', '집 없는 천사', '철가면' 등 우리가 다 아는 귀에 익은 세계 명작들 이야기는 아이들을 책으로 빠져들게 하기에 충분했습니다.

나와 아내가 아이들에게 책 이야기를 해 주면 얼마 안 가서 책장에 꽂혀 있던 낡은 책이 셋째, 넷째, 다섯째 아이의 손에 들려 있었습니다. 첫째, 둘째를 키우면서 아이들이 읽을 만한 책은 거의 다 사 모아 두었기 때문에 우리 집 안방은 작은 도서관이 되어 있었습니 다. 그래도 다 합해 봐야 200~300권이나 될까요? 하지만 그게 어딥 니까? 내가 어렸을 때에는 책꽂이에 만화책 한 권도 없었습니다.

방이야 좀 지저분해진들 어떠리

아이들에게 좋은 습관은 평생을 가기 때문에 부모들은 어릴 때부 터 깨끗이 청소하고 정돈하는 법을 강조합니다. 그래서 장난감이나 책을 다 읽고 난 후 꼭 제자리에 놓아두라고 가르칩니다. 옳은 말입 니다. 그러나 그보다 더 중요한 것은 아이들에게 독서 습관을 길러 주는 일이 아닌가 생각합니다.

지나치게 깔끔한 것도 때로는 아이들에게 스트레스를 준다고 합 니다. 그러니 집 안을 약간 어지럽혀 놓는다고 벼락이 떨어져라 고 함을 지르면 엉뚱하게도 자녀의 독서 의욕까지 위축시키는 결과를 초래할지도 모릅니다. 그래서 우리 집은 다른 집과 비교하여 늘 조 금 지저분했습니다.

어쩌다 할머니가 아이들이 방을 너무 어지럽힌다고 나무라면 아 이들 엄마는 곧 변명을 하고 나섰습니다. 아이들이 많으니 어쩔 수 없다고. 그러면 할머니도 더 이상 아이들을 다그치지 않으셨습니다.

사람들은 진열대에 가지런히 놓여 있는 물건보다는 오히려 좌판에 널려 있는 물건에 더 많은 관심을 보인다고 합니다. 진열대에 가지런히 놓인 물건에 대해서는 오히려 거부감을 갖고 사기를 꺼리는 경향이 있다고 합니다. 이런 소비자의 심리를 아는 영리한 상인들은 옷을 옷걸이에 가지런히 걸어 놓지 않고 가판대에 마구 흩어 놓고 '골라, 골라' 하면서 물건을 아주 싸게 파는 것처럼 호객을 합니다.

우리는 그때그때 아이들이 읽을 만한 책을 방바닥에 깔아 두었습니다. 정확히 말하면 아이들이 읽다가 그냥 방바닥에 둔 책을 치우지 않았다는 표현이 맞을 것입니다.

"왜 책을 책꽂이에 바로 꽂아 두지 않고 방바닥에 버려 두었니? 이런 나쁜 버릇 어디서 배웠어?" 하는 꾸지람은 일절 하지 않았습니다. 그러다 보니 아이들의 버릇이 나빠져 온 방 안에 책이 깔려 있어 방에 발을 들여놓으려면 이리저리 책을 밀치고서야 들어갈 수 있을 정도가 되었습니다.

그래도 나는 그게 좋았습니다. 아무래도 책이 가까이 있으면 한 페이지라도 더 읽지 않겠나 하는 생각이 들었기 때문입니다. 그 때문인지 아이들은 누구보다도 책을 가까이했습니다.

책 읽기도
가슴높이로

       대구에서 고등학교에 다닐 때에 자주 놀러 다니던 친척 집이 있었습니다. 꽤나 잘사는 집이었습니다. 전대에는 머슴을 여럿 두고 농사를 지었고, 그 어려웠던 일제 강점기에도 자식을 대구 사범학교에 보낼 정도로 넉넉한 편이었습니다. 대구에서는 가까운 일가친척이 하나도 없었고 달리 갈 만한 곳도 없어 나는 이 친척 집을 큰집 삼아 자주 놀러 갔습니다. 그 친척 아저씨(촌수로는 조카)가 국어 선생님이었기 때문에 그 집 서가에는 책이 많았습니다.

  책 표지가 비닐로 싸인 고급스러운 장정의 세계문학전집은 나의 독서력을 길러 주는 데 좋은 역할을 했습니다. 그 집에 갈 때마다 나의 구실은 책을 빌린다는 것이었습니다. 그러나 그 집 할머니, 그리고 언제나 같이 놀아 준 맏딸 '평화'는 나도 모르게 그 집으로 나를 인도하기에 충분했습니다. 할머니는 정말 인자하셨습니다. 그 집에 갈 때마다 책을 빌려 왔습니다. 다 읽은 책은 돌려주고 또 다른 책을 빌려 왔습니다. 그 집이 나의 도서관 역할을 한 셈입니다.

그러나 이제 와서 솔직히 말하자면 당시 내 수준에 그 '세계문학전집'은 너무 어려웠습니다. 을유문화사와 정음사라는 출판사에서 발행된 책으로 기억하는데, 활자가 너무 작은 데다가 분량도 내게는 버거웠습니다. 《전락》, 《페스트》 등도 읽었지만 내가 이해하기에는 역부족이었습니다. 하지만 '읽어 보았다'는 말을 하기 위해 제대로 이해하지도 못하면서 꾸역꾸역 읽었으니 별 도움이 되었겠나 싶습니다.

내게 감명을 준 책은 앙드레 지드의 《좁은 문》이었습니다. 《테스》라는 책도 기억에 남습니다. 그때에는 이렇게 사랑을 주제로 한 책들이 가슴에 와 닿았습니다. 나는 좀 여성적인 면이 있는지 지금도 무협 소설 같은 책에는 별 흥미를 느끼지 못하고 감성적인 글을 좋아하는데, 아마 그때도 그랬던 모양입니다.

어떤 책을 읽힐 것인가

아이들에게 어떤 책을 읽힐 것인가를 중요하게 생각하는 사람이 많습니다. 나도 그런 사람 가운데 한 사람이었습니다.

그러나 아이들을 여럿 키우면서 경험한 바로는 좋은 책을 많이 골라 주되 어떤 책을 읽을 것인가는 스스로 결정하도록 하는 것이 좋다는 생각을 하게 되었습니다. 할 수만 있다면 아이들과 함께 서점에 가서 좋은 책을 골라 보게 하는 것도 좋겠지요. 아무리 어린아이라 하더라도 공부만은 결국 스스로 해야 하는 것이니, 부모가 일방적으로 책을 사다 주며 읽으라고 하기보다는 그래도 그 가운데에서 읽고 싶은 것을 고르게 하든가 친구의 도움으로 스스로 책을 선택하여 읽게 하는 것이 독서 의욕을 북돋워 주는 데 좀 더 나은 방법이 아닐까 합니다.

위인 전집을 사다 주고 억지로 읽으라고 강요하는 부모도 있습니다. 아마도 아이가 책에 나오는 위인들처럼 훌륭한 사람이 되었으면 하는 바람 때문일 것입니다. 그러나 일은 억지로 시켜도 될지 모르지만 머리를 쓰는 공부만은 억지로 될 일이 아닙니다. 옛 속담에 '말을 물가로 끌고 갈 수는 있어도 물을 먹일 수는 없다'고 했던가요? 사실은 말에게 물을 억지로 먹일 수는 있어도 아이들에게 공부는 억지로 시킬 수는 없습니다.

그리고 여자아이는 순정 소설을, 남자아이는 탐정 소설이나 무협 소설을 좋아할 것이라는 생각도 내 경험에 비춰 보면 편견에 불과한 것 같습니다. 나는 어릴 때부터 순정 소설을 좋아했으나 아내는 지금도 무협지를 읽어야 신이 난다고 하니, 책 읽기와 성별은 별로 관계가 없는 것 같습니다.

또 쉽게 읽을 수 있는 책을 선택하여 읽게 하는 것이 좋습니다. 항상 즐겁게 읽고, 좀 아쉬울 때 독서를 마칠 수 있도록 가볍게 읽을 거리를 제공해 주어야 합니다.

우리가 무엇을 습관적으로 하게 된다는 것은 그 일에 잘 길들여진 다는 뜻입니다. 하지만 처음부터 무리하면 반드시 실패합니다. 소를 길들일 때에도 목에 지울 멍에를 너무 굵고 무거운 것으로 시작하면 소는 목을 흔들며 아예 하지 않으려고 합니다. 그리고 처음부터 찰흙밭에서 무거운 쟁기로 쟁기질을 시키면 힘에 부쳐서 눈앞에 있는 밭고랑은 잊어버리고 이리저리 헛고랑만 타게 됩니다. 그래서 유능한 농부는 처음 쟁기질을 시킬 때 그 멍에를 없는 듯 있는 듯 가볍게 지웁니다. 그러고는 찰흙밭이 아니라 모래밭에 내는 듯 마는 듯 가볍게 골을 냅니다.

아이들 교육도 마찬가지 아닌가 생각합니다. 독서 습관을 붙여 주는 이 중요한 일에 욕심을 부린 나머지 아이들이 읽기 싫어하는 책이나 어려운 책으로 시작한다면 그것은 오히려 실패로 가는 지름길일 수 있습니다.

재미는 수준을 뛰어넘는다

막내는 어릴 적부터 '삼국지' 이야기를 무척 좋아했습니다. 그래서 제 엄마가 자주 삼국지 이야기를 들려주었습니다. 그 때문인지 아주

자연스럽게 자기가 직접 삼국지 책을 읽어 보겠다고 했습니다. 처음에는 한 권짜리 《소년 소녀 삼국지》였습니다. 그런데 이 책을 한두 번 읽더니 오래전부터 우리 집 책꽂이에 꽂혀 있던 여섯 권짜리 《박종화 삼국지》를 읽어 보겠다고 했습니다. 우리는 좀 엉뚱한 소리라고 생각했습니다. 이 책은 분량이 많기도 하지만 성인이 읽어도 제대로 이해할 수 없는 부분이 많았습니다. 문장도 어렵고 요즈음 우리가 일상적으로 쓰지 않는 말이 많이 나오기 때문에 어린아이가 읽기에는 어려운 책이었습니다.

그러나 어쩌겠습니까. 제 스스로 꼭 읽어 보겠다고 떼를 쓰니 그냥 읽어 보라고 놔둘 수밖에요. 나는 초등학생이 읽기에는 너무 두꺼운 책이라 한 권도 채 읽지 못하고 곧 포기하리라 생각했습니다.

그런데 이게 웬일인가. 막내는 무엇에 홀린 듯 매일매일 《삼국지》를 읽어 나갔습니다. 1권, 2권, 3권, 4권, 5권······. 기적 같은 일이었습니다. 초등학교 3학년짜리가 여섯 권짜리 《박종화 삼국지》를 읽다니, 나로서는 이해가 되지 않는 일이었습니다.

처음에 우리는 아이의 끈기에 놀랐습니다. 뜻도 잘 모르면서 저렇게 끝까지 읽다니! 그것은 대단한 끈기였습니다. 그러나 뜻을 모르고서는 저렇게까지 열심히 읽을 수 없을 것이라는 생각에 얼마나 제대로 이해하며 읽었는지를 시험해 보고 싶었습니다. 그래서 책 내용 가운데 한 부분을 읽어 주면서 그 뜻을 물어보았습니다.

내가 읽어 준 내용은 다음과 같은 것이었습니다.

"싸운 지 오십여 합(合)이 되건만 승부가 나지 아니하였다."

《삼국지》에는 이 '합'이라는 말이 자주 나옵니다. 나도 처음에는 이 말의 의미를 정확히 알지 못했습니다. 그런데 막내는 그 뜻을 정확하게 알고 있었습니다. 합이란 두 사람이 싸움을 하기 위해 맞붙는 것을 말합니다. 즉 50합이면 50번 맞붙어 싸웠다 떨어졌다는 뜻인데, 막내는 정확히 대답을 했습니다.

나는 '백 번 읽으면 뜻은 저절로 통한다'는 옛말이 생각났습니다. 이만 하면 이 소설을 이해하는 데 어려움이 없으리라 생각되었습니다. 모두가 제 엄마가 어릴 적에 들려준 삼국지 이야기가 도움이 되지 않았나 하는 생각이 들었습니다.

막내는 얼마 지나지 않아 여섯 권을 다 읽더니 처음부터 다시 읽기 시작했습니다. 몇 번이나 읽었을까요. 이제는 대목대목을 줄줄이 외우는 것 같았습니다.

초등학교 4학년 무렵이었습니다. 수업 시간에 선생님께서 아이들에게 삼국지 이야기를 해 주시는데 막내가 들어 보니 자기가 읽은 내용과 차이가 났습니다. 막내가 조심스럽게 "선생님, 그게 아닌데요" 했더니 선생님께서 "그럼 네가 내 대신 이야기해 보아라" 하셨습니다. 그래서 막내는 반 친구들 앞에 나가 그 대목을 이야기해 주었는데, 흡사 책을 읽는 것처럼 이야기했다고 해서 우리 식구들이 모두 웃었습니다.

　우리 막내의 독서 경험은 '재미는 수준을 뛰어넘는다'는 말을 입증하는 좋은 예가 아닌가 생각합니다.

5

오늘은 익히고
내일은 잊어버려라

부담 없이 한자 익히기

친구들 이름은
저절로 외워진다

　　　　　　내가 한자를 익힌 것은 고등학교 1학년, 열일곱 살 때였습니다. 한자를 익히고 난 후 나의 생활에는 상당한 변화가 있었습니다. 그때부터 처음으로 신문을 제대로 읽을 수 있었기 때문에 당시 내 또래 친구들보다 제법 유식하다는 소리를 많이 들었습니다. 그 당시에는 한자를 모르면 신문을 제대로 읽을 수 없을 정도로 신문에 한자가 많았습니다. 살아갈수록 그때 한자를 익히지 않았다면 평생 무식꾼 소리를 면하지 못했을 것이라는 생각을 하기도 합니다. 우리 동양권에서 한자의 영향력을 더 말해 무엇하겠습니까.

　남북 교류가 활발해지면서 북한에 쌀을 계속 주는 것이 옳으냐 그르냐 하는 논란이 벌어졌습니다. 나도 그 문제를 진지하게 생각해 보았습니다. 어느 편을 들 것인가? 그런데 문득 평화(平和)라는 글자를 들여다보고 있다가 화(和)자의 의미가 떠올랐습니다. 화(和) 자를 보면 벼 화(禾)에 입 구(口)로 되어 있습니다. 최소한 먹을 것에 너와 내가 고르지 못한 平(고를 평)和는 있을 수 없다는 생각이 들었습니다. 우리는 배불리 먹고 저들은 굶는다면, 어찌 이 둘 사이에 평화가 있겠습니까? 그래서 나는 쌀을 주어야 한다는 쪽으로 마음을 굳혔습니다. 내가 한자를 몰랐다면 이런 기특한(?) 생각을 해낼 수 있었을까 생각하니 한자 알기를 잘했다는 생각이 들었습니다.

아이들이 초등학교에 들어가자 나는 가능한 한 일찍 한자를 1,000자 정도 꼭 가르치려고 마음먹었습니다. 그러나 그것을 쉽게 실천에 옮길 수는 없었습니다. 내가 너무 힘들게 한자 공부를 했기 때문에 어린아이들에게 그렇게 힘들게 한자를 익히게 했다가는 아이들이 공부에 넌더리를 내지 않을까 싶어 조심스러웠던 것입니다.

교본 선택의 중요성

이 세상 어느 엄마도 아기에게 말을 가르친다고 '가갸거겨'를 먼저 가르치는 사람은 없습니다.

엄마들은 아기들에게 '엄마'라는 말을 맨 먼저 가르칩니다. 왜냐하면 '엄마'는 아이에게 가장 가까운 존재이므로 아이가 가장 많이 '상용하는' 말이기 때문입니다. 그래서 엄마들은 이 '엄마'라는 말을 열심히 가르칩니다. 다음에는 '맘마', '아빠', '어부바' 등의 말들이 추가됩니다. 이 모두가 아기가 상용하는, 다시 말해서 자주 말하거나 알아들어야 하는 쉬운 말들입니다.

아무도 자기 아기에게 이렇게 말을 가르치라고 알려 주는 사람은 없지만 누구나 이렇게 가르칩니다. 아마도 이런 걸 두고 '하늘이 가르치고 땅이 가르친 교수법'이라고 말할 수 있지 않을까요?

나는 우리글과 한자도 마찬가지로 '상용하는' 말로 가르쳐야 한다고 생각했습니다. 그래서 옛날 《천자문》보다 요즘 흔히 쓰는 말로 된 한자책을 교본으로 선택했습니다.

첫째와 둘째를 가르칠 때 사다 준 책은 지금 남아 있지 않아 어떤 책이었는지 기억이 나지 않지만, 다른 아이들을 위해 산 책은 예림당에서 나온 《그림으로 배우는 어린이 한자》였습니다. 이 책은 내가 고민하던 여러 문제를 해결해 주었습니다.

내가 한자를 조금 안다고 하지만, 별 어려움 없이 신문을 읽을 정도여서 그 실력이라야 별것 아니었습니다. 한자의 필순에 대해서는 자신이 없었기 때문에 아이들에게 한자를 가르치려면 이것이 항상 걱정되었습니다. 그러나 이 책은 글자마다 필순을 기록해 두었기 때문에 내가 일일이 지도할 필요가 없어 좋았습니다. 게다가 흔히 쓰이는 상용 낱말로 되어 있어, 조금만 반복해서 외우면 쉽게 잊어버리지 않을 것 같았습니다.

한자는 상형문자(象形文字)로서 여러 형상을 본뜬 것과 이런 여러 모양의 글자들이 모여서 된 글자가 많은데, 이 책은 그림으로 이해하기 쉽게 설명하고 있어서 아이들이 한자를 배우기에는 더할 나위 없이 좋은 책 같았습니다. 또한 익힌 한자의 낱말 풀이와 이 낱말의 용도를 알려 주기 위해 여러 예문을 실어 놓았기 때문에 이 책을 구입하는 데 나는 조금도 주저하지 않았습니다. 그래도 막상 어떻게 가르칠까는 고민에 고민이 되었습니다.

우리 아이들은 이때 이미 초등학교에서 꽤나 공부 잘하는 아이들로 이름이 나 있었습니다. 그래서 우리의 기대는 컸습니다. 그런데 무리하게 한자를 가르치다가 이제까지 쌓아 둔 모든 공이 다 무너지면 어쩌나 걱정이 되었습니다.

친구들 이름은 저절로 외워진다

그러던 어느 날, 나는 우연히 우리 아이들이 같은 반 친구들의 이름을 어떻게 기억할까 하는 것에 생각이 미치게 되었습니다. 이건 정말 우연이었습니다. 나 자신이 학교 다닐 때 반 친구들의 이름을 다 기억했던 일을 떠올렸습니다.

"그래, 바로 이거다!"

나는 갑자기 요즘에도 내가 학교에 다닐 때처럼 아이들이 자기 반 친구들의 이름을 다 아는지 궁금해졌습니다. 아이들에게 물어보았더니 하나같이 "몇 달이 지났는데 그걸 모르는 아이가 어디 있어요?" 하면서 반문하는 것이었습니다. 나도 그런 것 같았습니다. 초등학교, 중학교, 고등학교 시절 언제나 같은 반 친구들의 이름은 뒤통수만 봐도 다 알 수 있었다는 생각이 들었습니다.

"그래, 바로 이거야!"

나는 아주 중요한 사실을 새롭게 깨닫기라도 한 것처럼 이 말을 입 속으로 다시 되뇌었습니다. 그러고는 마치 아주 대단한 아동 교육의 새로운 이론을 정립하기라도 한 양 흥분하기 시작했습니다.

"같은 반 친구 이름 익히듯."

나는 구체적으로 정리해 보았습니다.

'첫째, 자연스럽게 만나겠지.

그리고 얼굴을 보면서 말을 건네겠지.

그러다 친해지면 장난도 치다가 서로 이름을 불러 보겠지.

그러다 보면 친구들 이름은 저절로 외워지고.

아무도 자기 반 친구의 이름을 외우려고 메모해 두지도 않고, 또 선생님이 잘 외웠는지 시험을 치지도 않는데.

바로 이것이다. 이 방법으로 한자 공부를 시켜 보자. 이제까지 내가 아이들이 취학하기 전 우리글을 익히도록 도와주었던 것도 바로 이 방법이 아닌가.'

나는 새삼 깨달았습니다.

'인형 놀이를 하면서 인형의 이름을 지어 주고, 그 이름을 불러 주며 서로가 가진 인형으로 화답하며 노는 가운데 우리글을 자연스럽게 익힌 것은, 바로 반 친구들과 어울려 이름을 부르고 놀면서 그 이름을 저절로 익힌 것과 같은 방법이 아니겠는가. 그래, 이 방법으로 이제 한자를 가르쳐 보리라.'

나는 당장 실천에 옮겨 보아야겠다고 마음먹었습니다. 먼저 아이들에게 반 친구들이 몇 명이나 되는지 물어보았습니다. 대부분 50명 정도라고 했습니다. 그러고는 "너희는 어떻게 그 친구들의 이름을 다 알게 되었지?" 하고 물어보았습니다. 이것은 계획된 질문이었습니다.

특히 '어떻게'라는 말에 악센트를 주어 물었습니다. 아이들은 모두 좀 의외의 질문이라는 듯 의아해하면서 "몰라, 저절로 되었지 뭐" 하고 대답했습니다. 나는 이 순간을 놓치지 않고 "그렇다. 한자 공부도 너희가 반 친구 이름 외우듯 '저절로' 아는 방법이 있다. 우리 같이 해 보자" 하고 제안했습니다.

가장 기억이 확실한 것은 막내를 가르칠 때였습니다. 막내는 신기한 듯 아빠의 제안에 바로 응해 주었습니다. 초등학교 4학년 겨울방학 때인 것으로 기억됩니다. 나는 예전에 딸들이 공부한 책으로, 딸들이 했던 방법대로 시작했습니다. 그 책은 1권 100자, 2권 200자, 3권 300자, 4권 400자로 되어 있었습니다. 나는 딸들에게 했던 것처럼 막내 율이에게도 3권부터 시작하게 했습니다.

스스로 지는 짐은 가볍다

그리고 똑같은 요구를 했습니다. "너는 하루에 몇 명의 친구를 익힐 수 있을지 한번 사귀어 보라"고 했습니다. 절대로 글자의 필순 같은 것은 생각하지 말고, 책을 안 보고 한자를 쓰려고 억지로 애쓰지 말라고 말해 주었습니다. 친구의 얼굴을 보고 이름을 알듯이, 한자 모양을 보고 그 이름을 알아보라고 주문했습니다.

예를 들면, 그 책 7쪽에는 나라 이름들이 나옵니다. 韓國, 美國, 日本 이렇게 씌어 있습니다. "여기 첫 두 글자가 韓國인데 이 친구의 이름은 '한국'이라고 부르니 잘 기억해 두어라" 하는 식이었습니다. "그리고 美國이라는 아이의 얼굴은 이렇게 생겼으니 잘 보아 두어라. 두 얼굴이 앞모양은 다르고 뒷모양은 같지? 그러니 앞은 '한국'이라고 읽고 뒤는 '미국'이라고 읽는단다. 일본이라는 친구의 얼굴은 '日本' 이렇게 생겼단다. 이렇게 친구의 이름을 불러 보되 친구의 이름을 하루에 몇 명이나 기억할 수 있을지 너 스스로 시험해 보아라" 했습니다.

이렇게 자기가 익힐 수 있는 글자 수를 자기 능력에 맞게 스스로 정하게 하는 것이 하루에 몇 자를 외워야 한다고 정해 주는 것보다 훨씬 효과적이었습니다. 남이 억지로 지워 주는 것보다 스스로 지는 짐이 가볍고 멀리 갈 수 있기 때문입니다. 그리고 친구의 얼굴을 보고 쉽게 그 이름을 기억해 낼 수는 있지만 그 이름을 알고 똑같이 그리지는 못하듯이, 그 글자를 익히되 처음부터 완전히 쓸 수 있으리라는 욕심은 버리라고 했습니다.

이것이 한자를 익히게 하는 요령입니다. 처음부터 필순을 비롯하여 보지 않고 척척 써 낼 것을 주문한다면, 이건 친구 사귀듯 공부하는 방법이 아닙니다. 그저 만났다 헤어지고 또 만나고 하다 보면 그 이름이 저절로 기억되듯이, 보고 읽을 수 있는 정도로만 가볍게 시켜 나가야 합니다. 그래야 즐겁게 공부를 계속할 수 있기 때문입니다. 그러나 그 얼굴을 빨리 익히기 위해 필순대로 가볍게 써 보는 것은 무방하다고 일러 주었습니다.

아무리 아이들이 놀면서 친구를 사귄다고 하나 1,000명이 넘는 친구를 다 사귀려면 꽤 시간이 필요합니다. 그래서 나는 기간이 좀 긴 겨울방학을 이용했습니다.

그런데 내가 아이들에게 하루에 몇 명의 친구를 사귈 수(익힐 수) 있는지 말해 보라고 하자 몇 시간이 되지 않아서 우리 집 아이들 모두 40명(字) 이상은 익힐 수 있다고 했습니다. 40자라고 해 봐야 두 자씩으로 된 단어 20개면 40자가 되는 것이니 아무도 어려워하지 않았습니다. 보지 않고 쓰라는 것도 아니요, 필순을 꼼꼼히 따지는 것도 아니었으니 모두가 가볍게 익힐 수 있었습니다.

이 방법은 적중했습니다. 하루에 40자로 25일이면 1,000자를 다 뗄 수 있었습니다. 25일은 긴 겨울방학에서 비교적 짧은 기간입니다. 그런데 여기에 간과해서는 안 될 몇 가지가 더 있습니다.

아시갈이와 재벌갈이

아무리 좋은 약이라도 그 약의 처방에 따라 약효는 사뭇 달라지는 법입니다. 약이 정량보다 적으면 효과가 적거나 없고, 많으면 부작용 때문에 환자가 견디기 어렵습니다. 약을 주는 시간도 맞아야 합니다. 식후, 식전, 식간, 취침 전 등 정해진 시간이 맞지 않으면 약을 쓰지 않음만 못할 수도 있습니다.

아이들의 공부도 마찬가지가 아닐까요? 아무리 교본이 좋아도 잘못 가르치면 저자의 의도와 어긋나게 역효과가 나는 수도 있습니다.

내가 아이들에게 한자 공부를 시킬 때 왜 4권 가운데 3권부터 시작했는지 의아해하는 사람이 있을 것입니다. 일반적으로 1권부터 차근차근 공부해 나가는 것이 맞다고 생각할지 모르지만, 이는 내 나름대로 오랫동안 고심한 끝에 내린 처방이었습니다.

먼저 이솝에 관한 이야기 한 토막을 소개하고자 합니다.

옛날 어떤 나라에 이솝이라는 노예가 살고 있었습니다. 하루는 그의 주인이 다른 노예들과 같이 이솝에게 먼 길 갈 채비를 하라고 했습니다. 이솝은 주인의 명에 따라 여행 준비를 마쳤습니다. 그리고 지고 갈 짐을 챙겼습니다.

그런데 이솝은 그 짐들 가운데 가장 크고 무거운 짐을 짊어지고 길을 떠났습니다. 궁금하게 여긴 주인은 이솝에게 가만히 물어보았습니다.

"너는 왜 다른 사람이 무겁다고 지고 가기 싫어하는 이 무거운 짐을 선택했느냐?"

이솝은 조용히 대답했습니다.

"이 짐은 무거우나 모두 양식입니다. 우리 모두 먹어야 할 길양식으로, 며칠을 가다 보면 점점 줄지 않겠습니까? 그러면 내 짐은 점점 가벼워지지 않겠습니까?"

이 대답을 들은 주인은 이솝을 지혜 있는 사람으로 알고 더욱 그를 사랑했다고 합니다.

나는 우리 아이들 공부도 이 방법을 적용해 보리라 생각했습니다.

책의 내용을 살펴보면 1권은 100자로 되어 있는데 아주 쉬운 글자들이고, 2권은 조금 어려운 글자로 200자, 다음은 더 어려운 글자

300자, 마지막 4권은 제일 어려운 글자 400자로 되어 있습니다.

그런데 사람은 이솝뿐 아니라 누구나 짐이 점점 가벼워지기를 희망합니다. 그리고 누구나 처음 시작할 때에는 대단한 각오로 시작합니다. 그러나 나중에는 처음의 의지가 점점 꺾여서 흐지부지되고 맙니다. 그래서 '작심삼일'이란 말이 생기지 않았을까요?

4권 중에 3권부터 시작한 까닭은

우리 아이들도 예외일 수는 없습니다. 그래서 처음은 좀 무거운 (어려운) 300자짜리 3권부터 시작했습니다. 이 300자 교본을 처음 본인들이 계획한 대로 40자씩 익히면 일주일하고 반나절이면 다 익히게 됩니다. 아무리 의지가 약한 아이들이라도 방학 때 부모들이 조금만 신경 써 주면 3권을 일주일 남짓이면 다 뗄 수 있습니다. 이 300자 고비만 넘기면 나머지는 쉽게 정복될 수 있다는 계산에서 3권인 300자부터 시작한 것입니다.

나는 이 300자 공부를 시킬 때만은 온 정성을 다했습니다. 산모가 첫아이를 낳아 기르는 정성처럼 혼신의 힘으로 지혜를 다 짜내어 시켰습니다. 매일 아이가 40자를 다하고 기지개를 켜고 나오면 "장하다, 장하다"를 연발하며 격려를 아끼지 않았습니다. 그러면 아이는 별것 아닌 것 가지고 그런다고 으스대기도 합니다. 바로 그것입니다. 아이가 으스대도록 격려하는 것입니다.

칭찬을 위한 테스트

때로는 약간의 테스트를 하기도 했습니다. 그러나 그것은 아이가 얼마나 잘 외웠는지를 알아보기 위해서가 아니었습니다. 일부러 아이가 꼭 알 만한 쉬운 글자만 물어보았습니다. 칭찬거리를 찾기 위해서였습니다.

이렇게 일주일이 지나 8일째 되는 날은 정말 대단한 날로 기억하게 해 주었습니다. 우리는 언제나 이날을 아주 의미 있는 날로 축하해 주었습니다. "이제 너는 300자 한 권을 다 뗐으니 남은 것은 문제없다"고 용기를 더해 주었습니다.

나중에 내 사촌동생의 딸인 송아를 우리 집에 데려다 한자 공부를 시킨 적이 있는데, 우리 집 넷째가 쓴 일기장에 당시의 분위기가 잘 나타나 있습니다.

1988년 1월 20일 토요일 날씨 갬

오늘의 중요한 일 : 언니의 책거리.

오늘 오전에 송아 언니가 오늘 할 한자 40자를 모두 끝냈다. 그보다 우리 집에 와서 시작한 한자책 한 권을 다 끝낸 날이기도 하다.

아빠가 점심 때 "송아가 오늘 다 했으니 책거리를 해야 할 텐데"라고 말씀하시고 밖에 나가시자 송아 언니는 얼굴을 붉히며 "어쩌면 좋지? 나 아직 검사 받기엔 이른데……" 하며 어쩔 줄을 몰라 했다. 처음에 나와 언니는 어리둥절하여 무슨 말을 하는지 몰랐으나 책거리를 '검사'하는 것으로 잘못 알아들었다는 것을 알았다. 내가 잘 설명해 주었다.
저녁 때 아빠가 빵과 과일, 아이스크림을 사 오셔서 우리 모두 즐거운 책거리 파티를 했다.

3권을 마친 다음 이제는 4권을 하는 것이 아니라 3권보다 쉬운 2권을 하게 했습니다. 좀 더 가벼운 짐을 지게 하는 것입니다. 이미 말했듯이 2권은 그 획수가 3권에 있는 글자보다 적고 글자는 200자 밖에 되지 않아 심적 부담이 한결 가볍습니다. 하루에 40자씩 5일이면 200자를 끝낼 수 있는데, 3권에서 익힌 글자들이 많아 가볍게 끝낼 수 있었습니다. 다음은 더 쉬운 100자짜리 1권입니다. 이것은 3권과 2권에 비하면 '식은 죽 먹기'라 했습니다. 하루에 40자가 아니라 이틀 만에 다 끝냈습니다.

이제 3권까지 책거리를 한 셈입니다. 오늘은 이제 달랑 마지막 4권 한 권밖에 남지 않았습니다. 400자에 도전하는 결의의 날이기도 합니다. 우리는 아이들이 제일 먹고 싶어하는 통닭으로 결판지게(?) 잔치를 벌여 주었습니다. 그리고 꼭 해 주는 말이 있었습니다.

"너는 한자책 4권 가운데에서 이미 3권을 다 뗐다. 너는 대단한 아이다. 너희 친구들 가운데 아마 너처럼 한 아이는 아무도 없을 것이다. 이제 '겨우' 한 권이 남았다. 이 마지막 한 권에는 이미 네가 공

부한 책 속에서 익힌 글자가 많이 들어 있기 때문에 쉽게 뗄 수 있을 것이다."

그러면 어느 아이고 마지막 4권에 도전하게 되며, 이로써 한자 1,000자는 다 떼게 되는 것입니다. 이렇게 1,000자를 익힌 것은 농사일에 비유하자면 '아시갈이'를 한 셈입니다. 아시갈이는 애벌갈이로 논에 모를 심기 전 아주 이른 봄에 대강 논을 갈아 두는 것을 말하는데, 잡초를 잡고 정지하기보다 물을 가두어 둘 양으로 성글게 갈아 두는 것을 말합니다. 그래야 땅이 물러져서 재벌갈이를 할 때 논이 쉽게 갈아집니다.

이제 초벌갈이를 했으니 재벌갈이를 할 차례입니다. 초벌갈이는 그저 물을 잡아둘 양으로 성글게 갈아두는 것이라고 했습니다. 마찬가지입니다. 우리 아이가 초벌 공부로 한자를 다 알게 되었다고 생각해서는 안 됩니다. 그저 물을 잡기 위해 논을 성글게 갈아 두듯이 아이가 공부할 의욕을 그 마음에 가두어 둘 요량으로 대강 그렇게 한번 해두는 것입니다.

재벌갈이는 물론 초벌갈이보다는 쉽습니다. 똑같은 방법으로 3권을 시키고 2권, 1권 이렇게 이솝의 짐처럼 가볍게 지다가 마지막 4권을 야무지게 지고는 목표에 도달하게 하는 것입니다.

이 일이 다 끝나면 이제 세 번째로 써레와 번지로 땅을 고르듯이 세 번째 공부를 또 시작합니다. 첫 번째 아시갈이가 25일 걸렸지만 재벌갈이는 15일도 채 걸리지 않습니다. 이 둘을 다 합해 봐야 40일, 아직도 봄방학이 더 남아 있습니다. 이렇게 여러 번 반복하여 헤어졌다 만났다 친구를 사귀듯이 한자를 익히다 보면 그야말로 한자 공부는 저절로 됩니다. 우리 아이 다섯이 다 되었는데 다른 집 아이라고 되지 말란 법이 없습니다.

앞에서 이야기했듯이 방학 동안에 우리 집에서 한자 공부를 했던 나의 조카도 역시 넉넉하게 네 권을 소화할 수 있었습니다.

오늘은 익히고
내일은 잊어버려라

처음에는 아무리 여러 말로 설명을 하고 한자 공부를 시켜도 아이들은 내가 하는 말의 진의를 제대로 파악하지 못했습니다. 그래서 공부를 시작한 지 이틀이 못 가서 아이들은 자꾸 잊어버리는 데에 신경을 쓰게 되었습니다. 그래서 먼저 공부한 부분을 자꾸 들추어 보며 또 까먹었다고 걱정을 했습니다.

이렇게 하다간 아무것도 되지 않습니다. 전에 공부했던 것을 자꾸 다시 들추어 보게 되니 진도가 나가지 않을 뿐만 아니라 대부분 제풀에 지쳐서 아예 공부를 그만두게 됩니다. 여간 끈기 있는 아이가 아니면 이쯤에서 포기하고 맙니다.

여기서 우리는 아주 다른 발상을 해야 합니다. 예를 들어 시골 사람이 처음 도시에 가서 어떻게 행동합니까? 대개 대도시에 처음 가면 역에서 내려 여기저기를 그저 돌아다니며 천천히 그 도시의 윤곽을 익혀 갑니다. 처음부터 역 주변의 모든 길을 샅샅이 알아 가면서 그 도시 전체를 알려고 하지는 않습니다. 역 주변의 작은 골목이 어떻게 생겼건 상관하지 않고 대로를 따라 이리저리 다니다 보면 중앙로라는 것을 알게 되고, 중앙로를 따라가다 보면 좀 더 작은 길도 알게 되며, 또 이 작은 길을 따라가다 보면 샛길도 알게 되어 나중에는 택시 운전도 할 수 있을 만큼 길을 훤히 알게 되는 것입니다.

공부에 대한 부담감을 없애 주는 간단한 방법

나는 공부도 마찬가지라고 생각했습니다. 처음부터 철저히 익히면야 좋겠지만 이는 결코 쉬운 일이 아닙니다. 처음부터 철저히 하려고 들면 대개 제풀에 지치게 되고, 결국은 아무것도 하지 못하게 됩니다. 한 번쯤 해냈다 하더라도 다음부터는 그런 힘든 일은 기피하게 됩니다. 하루 이틀 하고 말 것이라면 몰라도, 적어도 아이들에게 있어서는 수십 년을 해야 하는 것이 공부인데, 어릴 때부터 지치게 할 수는 없습니다.

그래서 나는 많은 교육자들과는 다른 발상에서 아이들에게 "오늘은 익히고 내일은 잊어버려라"라고 말했는데, 그 효과는 매우 컸습니다. '잊어버리면 어쩌나' 하는 생각 때문에 갖게 되는 마음의 부담을 말끔히 없애 주었기 때문입니다. 부담 없이 공부한다는 것은 얼마나 유쾌한 일일까요? 그것만 없으면 얼마든지 짜증 내지 않고 공부할 수 있을 것 같지 않은가요? 잊어버리면 어쩌나 하는 부담을 자꾸 지고 가다 보면 더는 지고 가기 어려운 짐이 되어 버리기 때문에 한 권도 다 떼지 못하고 포기하게 됩니다.

높은 곳을 병적으로 무서워하는 증상이 바로 고소공포증입니다. 고소공포증이 있는 사람들은 대개 높은 곳에 오르기도 전에 아주 심한 공포감을 갖습니다. 하지만 아무리 높은 곳에 올라도 공포를 느끼기는커녕 오히려 그것을 즐기는 사람들도 있습니다. 공부 역시 마찬가지입니다.

"나는 자꾸 잊어버린단 말이야. 이것이 문제야. 나는 안 돼. 나는 또 꼴찌할 거야. 그러면 엄마 아빠는 또 신경질을 내시겠지? 나는 머리가 나빠. 아이고, 미치겠다."

이렇게 생각하다 보면 자신감을 잃게 되고, 더 나아가 아예 공부 자체가 싫어지게 마련입니다. 바로 '공부 공포증'에 걸리게 되는 것입니다. 정도의 차이는 있지만 알게 모르게 이 증상을 갖고 있는 아이가 많습니다. 그래서 이를 막기 위한 예방주사가 필요한데, 사실 특별한 것이 아닙니다. "오늘은 익히고 내일은 잊어버려라"라고 말해 주기만 하면 되는 것입니다.

이 말 속에는 오늘만 재미있게 익히면 된다는, 오늘 익힌 것을 내

일은 잊어버려도 우리 엄마 아빠는 절대로 나를 혼내지 않는다는 약속이 포함되어 있는 것입니다. 그러니 아이들은 그저 오늘만 재미있게 열심히 해 보자는 마음으로 공부하게 됩니다. 오늘만 열심히 하면 그만, 더 지고 갈 공포(걱정)의 짐이 없으니 이 얼마나 신나는 일이겠습니까.

한 번 본 것이라도 쉽게 잊히지 않는다

"오늘만 익히고 내일은 잊어버려라"라고 말하면 아이들이 공부한 것을 다 잊어버릴까 봐 걱정하는 사람이 있습니다. 그러나 전에 한 번 방문했던 도시를 까맣게 잊어버리는 사람이 있을까요? 다시 가 보면 새록새록 기억들이 떠오르게 마련입니다. 이와 마찬가지로 여러 번 익힌 글자들을 내 의지대로 까맣게 잊을 수 있을까요? 물론 사람은 망각의 동물이니 잊어버리기는 합니다. 그러나 '내일은 잊어버려야지' 하고 마음을 먹는다고 쉽게 잊혀지는 것은 아닙니다.

기억하고 싶지 않은 것일지라도 잊지 못할 때가 많습니다. 첫사랑의 아픈 기억은 아무리 잊으려고 해도 잊지 못합니다. 그러다 세월이 많이 지나면 아름다운 추억으로 변하여 우리를 미소짓게 합니다.

이처럼 우리 아이들에게 "잊어버려라" 했다고 염려할 필요는 없다는 말입니다. 이 말은 아이들에게 잊어버리면 어쩌나 하는 염려를 줄여 줄 뿐이며, 쓸데없는 걱정으로부터 해방시키기 위한 예방책에 불과합니다. 아이들은 이 근심에서 해방되어 이제는 책장 넘기는 재미로(진도가 잘 나갑니다) 익히고 외울 것이며, 그러다 보면 어느새 네 권을 다 떼게 되어 그야말로 즐겁게 책거리를 하게 되는 것입니다.

오래 기억하려면 즐겁게 반복해야

어떤 아이는 머리가 좋아 한 번 보면 다 암기한다고 말하는 사람이 있습니다. 그러나 우리 아이 다섯을 두고 경험한 바로는 그게 아니었습니다. 기억은 누가 얼마나 관심을 갖고 반복적으로 많이 보느냐 혹은 듣느냐에 비례하지, 결코 머리가 좋다고 다는 아니었습니다.

그러나 대부분의 사람들은 이 말을 귀담아 듣지 않습니다. 이것이 문제입니다. 자기 아이들은 머리가 나빠 공부를 못하고, 우리 집 아이는 머리가 좋아서 공부를 잘한다고 생각하고 맙니다. 연이어 떨어지는 물방울이 궁극에는 바위를 뚫는다고 합니다. 끊임없이 반복하면 반드시 그렇게 됩니다. 문제는 어떻게 그렇게 반복할 수 있는가에 있습니다.

'오늘은 익히고 내일은 잊어버려라'라는 말이 아주 재미있게 반복할 수 있도록 도와줄 것입니다.

기술적으로 점검하라

부모는 자식들이 누구와 친구로 지내는지, 무얼 하고 노는지 점검

할 필요가 있습니다. 그렇다고 마치 수사관이 심문하는 태도로 물어보면 안 됩니다.

우리 부부는 "요사이 영심이 자주 만나니?", "요즘은 게임방에 가서 노는 게 유행이라던데?" 하는 식으로 물어봅니다. 일단 이런 식으로 접근한 다음 아이의 대답에 따라 좀 더 자세히 물어보면 되는 것입니다.

한자 공부 점검하는 일도 마찬가지입니다. 나 자신도 자칫 학교 시험처럼 점검하게 될까 봐 걱정을 많이 했습니다. 학교 시험도 부담인데, 부모가 그 부담을 덜어 주지는 못할망정 더해 주어서야 되겠습니까? 그래서 나는 반대로 하기로 마음먹었습니다. 절대로 우리 아이가 한자를 얼마나 기억하는지 점검하지 않았습니다. 오히려 단번에 너무 많은 것을 기억하면 해롭다는 쪽으로 말을 했습니다.

"이런 것은 잊어버리는 거야! 한 번에 이런 어려운 것까지 다 기억하려면 진도가 안 나간다. 공부는 이것저것 연관되어야 오래 기억되는 법이다. 단편적인 것을 기억하려고 애를 쓰지 마라"고 했습니다.

살짝 꿀밤을 주면서 "이런 것은 잊어버려" 하면서 제스처를 써도 좋습니다. 그러면 아이들은 머리를 쓰다듬으면서 싱긋이 웃을 것입니다. 그리고 '우리 아빠(엄마)는 다르다'는 생각에 신뢰감을 갖게 될 것입니다. 부모 자식 사이에 이런 믿음이 없고서야 어찌 교육이 되겠습니까.

한자, 언제 시작할 것인가

모든 일이 다 그렇듯이 한자 공부 역시 그 시기가 중요합니다. 공부를 시작하는 시기는 아이의 '가슴높이'에 따라 다를 수 있습니다.

우리 아이들은 초등학교 4학년 겨울방학을 적기로 잡았습니다. 일찍 관심을 갖고 달려들지라도 우리말 어휘력이 부족할 때 시작하는 것은 효율이 떨어지지 않나 하는 생각이 들었기 때문입니다. 5, 6학년 겨울방학이라도 늦지 않을 것이며, 중학교에 가서 해도 늦지는 않을 것입니다. 그러나 중학교는 다른 공부의 양이 많으니 그래도 좀 여유 있을 때 하는 것이 좋겠다는 생각에서 초등학교 때에 시작한 것입니다.

밑거름의 효과는 만점이었다

우리 아이들이 중학교에 다닐 때에는 교과목에 한문이 있었습니다. 일제고사를 볼 때에는 언제나 이 시험을 쳤는데, 준비가 없었던 아이들에게는 한문이 아주 골칫거리였습니다. 그러나 우리 아이들에게는 이때가 기다려지는 시간이기도 했습니다.

나는 우리 아이들이 중학교에서 줄곧 1등을 유지할 수 있었던 것이 한자 공부를 미리 해 두었기 때문이라고 생각합니다. 다른 친구들이 한자 공부를 하느라 날밤을 새울 때 우리 아이들은 간단히 해치우고 여유 있게 다른 공부를 할 수 있었기 때문이지요.

막내가 5학년 때의 일입니다. 그날은 고등학교 입시일이었는데, 시험을 다 마친 중3짜리 형들이 학교 앞 국숫집에서 입시 문제를 맞추어 보느라 야단이었습니다. 그 가운데 한 아이가 '孝'자를 몰랐다고 합니다. 막내가 무심코 "효자 효인데" 했더니 중학교 3학년짜리 형이 초등학교 5학년 막내더러 장난스럽게 "형님!" 하고 불렀다고 합니다. 그 국숫집에 있던 사람들이 그 광경을 보고 모두 웃었다고 합니다. 그 얘기를 하면서 막내는 연신 싱글벙글 웃음을 참지 못했습니다. 그도 그럴 것이 중학교 3학년짜리 형들한테 '형님' 소리를 들었으니 좋을 수밖에요.

그 후 중학교에 들어간 막내는 한문 시험을 보면 매번 한 문제도 틀리지 않았습니다.

6

말 가르치듯이 했지요

공부를 즐기게 하는 법

소는 앞세워 몰아라

옛날 우리 할아버지는 소를 몰고 다닐 때에는 언제나 소를 앞세워 몰아야 한다고 말씀하셨습니다. 아주 어릴 때에는 무슨 뜻인지도 모르고 그저 시키는 대로 무조건 앞세워 몰고 다녔고, 조금 지나서는 소가 당신의 손자를 뿔로 받아 다치게 할까 봐 앞세워 몰라고 하신 줄 알았습니다.

그러나 차츰 자라 꾀가 들자 소를 농사에 쓰기 위해 송아지 때부터 앞세워 몰고 다니면서 '길'을 들여야 한다는 것을 알게 되었습니다. '길들인다'는 말도 여기에서 유래한 말이 아닌가 생각합니다.

소를 길들이는 일은 갓 태어난 송아지 때부터 시작합니다. 어린 송아지는 항상 어미소 뒤를 졸졸 따라다닙니다. 어미소가 쟁기질을 할 때도 따라다니는데, 어떤 농부는 이때 송아지가 거치적거린다고 따로 매 두고 어미소만 일을 시킵니다.

그러나 우리 할아버지는 송아지도 어릴 때부터 밭고랑을 익혀야 한다며 어미소를 졸졸 따라다니게 그냥 두셨습니다. 이렇게 어릴 때부터 사람 앞에서 고랑을 따라 스스로 앞서 다니게 훈련을 시키신 것입니다. 소는 짐승이므로 길을 잘 모른다고 송아지 때부터 항상 사람이 앞서 끌고 다니면, 그런 소는 언제나 사람 뒤만 따라다니다가 나중에 논이나 밭에서 앞세워 쟁기질을 할 때 한 자락도 스스로 하지 못한다고 말씀하셨습니다.

사람도 어릴 때부터 스스로 할 수 있도록 도와주는 것, 이것이 교육의 핵심이 아닌가 생각합니다.

공부를 좋아하느냐 싫어하느냐는 부모 하기 나름

아이들이 '공부'라는 말에서 압박감을 갖는다면 그 아이의 학교생활은 그리 행복하지 못할 것입니다. 반대로 공부라는 말이 즐겁게 들린다면 그 아이의 미래는 희망이 있다고 생각합니다.

우리는 같은 말이라도 그 말을 알게 된 분위기에 따라 다르게 느낍니다. 공부라는 말도 마찬가지입니다. 우리 아이는 처음 공부를 어떻게 시작했는가, 바로 그것에 따라 공부라는 말에 대한 느낌이 달라질 것입니다. 매를 맞으면서 공부를 한 아이는 공부가 원수처럼 느껴질 것이고, 부모님의 잔소리 때문에 어쩔 수 없이 하는 아이라면 공부라는 말이 지긋지긋하겠지요. 그런 아이들은 어릴 때는 어쩔 수 없이 하긴 하지만 머리가 굵어지고 꾀가 생겨나면 무슨 핑계를 대서라도 공부를 멀리하게 될 것입니다.

'엄마'라는 말 속에는 행복, 희망, 편안함 같은 온갖 좋은 느낌이 다 들어 있습니다. 엄마가 정성을 다해 자식을 키웠기 때문일 것입니다. 이처럼 우리 부모들은 아이들 마음속에 공부라는 말의 느낌이 좋게 자리하도록 온갖 정성을 다해야겠습니다. 이것은 아이의 머리가 좋고 나쁜 것과는 상관없습니다. 오직 부모의 역할에 달려 있습니다.

말 가르치듯이
행복하게

　　우리 아이들을 가르치는 데 무엇이 가장 효과적이고 아이들을 위한 길인지를 아는 것은 매우 중요합니다. 이것을 알지 못하고 자식의 장래를 기대하는 것은 요행을 바라는 것과 같이 매우 어리석은 일이기 때문입니다.

　　그러면 어디에서 이 방법을 찾을 수 있을까요? 나는 우리 어머니들의 천부적 방법에서 그것을 찾아보려고 애를 썼습니다. 어머니들이 아기를 교육시키는 방법은 아주 흥미롭습니다.

　　부모는 누구나 갓 낳은 자기 새끼와 처음 눈을 마주칠 때 행복을 느낍니다. 그런데 우리는 큰아이가 태어나서 일주일 가까이 눈을 뜨지 못하는 것을 보고 너무나 안타까웠습니다. 거의 일주일 만에 뜬 아이의 까만 눈동자를 보았던 그때만큼 행복한 때가 또 있을까요?

눈을 마주친 후 부모들은 어떻게 할까요? 하루에도 수십 수백 번을 들여다보며 행복한 표정으로 "까꿍, 까꿍" 하면서 입 놀리는 모습을 보여 줍니다. 그래도 만족할 만한 반응이 없으면 예쁜 볼을 아주 부드럽게 건드려 보면서 반응을 유도해 봅니다. 어떤 경우라도 결코 행복한 표정을 일그러뜨리지 않습니다.

아기들은 차츰 옹알이를 하게 되고, 엄마는 아기의 말문을 열어주려고 "엄마, 엄마" 하면서 수백 수천 번 직접 발음을 해 보이는 것입니다. 그러다 보면 어느새 아기들은 엄마를 따라 비슷한 발음을 하게 됩니다. '엄마'인지 '어마'인지 구분되지는 않지만.

말 배우는 아기에게 화내는 부모는 없다

우리는 이때를 다 기억하고 있습니다. 온 식구에게 오늘 우리 아기가 '엄마' 소리를 했다고 야단입니다. 과연 그 아기가 분명히 엄마 소리를 했는지 그건 아직 모릅니다. 그것을 확인해 보려고 온 식구가 모두 가장 행복한 표정으로 '엄마, 엄마' 하면서 아기가 따라 해 주기를 기대합니다.

아기가 '엄마' 소리를 정확히 따라 하지 못했다고 화를 내는 사람은 아무도 없습니다. 모두 다 아까는 그렇게 했을 것이라 믿고 싶어 합니다. 그러다 어느 날은 드디어 확실하게 '엄마' 소리를 하고, 좀 더 시간이 지나면 제법 짝짜꿍, 쥐엄쥐엄, 도리도리를 하게 됩니다. 부모의 천부적 교육법이 그 진가를 발휘한 것입니다.

네댓 살이 되면 우리 아이들은 말을 하는 데 모두 천재가 되어 무슨 말이고 못하는 게 없습니다. 다른 포유동물에 비해 사람은 모두 언어 습득 능력에 있어 천재입니다. 우리는 이것만으로도 한동안 행복하게 에덴 생활을 계속할 수 있습니다.

옛날에는 다 그랬습니다. 자녀들이 어느 정도 말을 알아듣는 것으로 만족하고 살았습니다. 그런데 지금 우리는 다른 언어를 습득해야 하는 시대에 살고 있습니다. 그것은 다름 아닌 문자입니다. 이 문자도 아이들이 언어를 습득할 때와 똑같은 방법으로 하면 아이들은 또 천재성을 발휘해 우리를 아주 행복하게 합니다. 그러나 사람들은 이것을 알지 못하는 것 같습니다. 이때가 되면 뱀이 이브를 유혹했듯이 꼭 우리를 유혹하는 세력이 있습니다. '비교'입니다.

우리는 아이들에게 말을 가르칠 때 어떤 비교법도 사용하지 않았습니다. "누구네 집 누구는 너보다 말을 잘하더라. 그러니 너도 말을 빨리 배워라" 하고 강요하지 않았습니다. 말을 빨리 하는 아이도 있고 조금 늦는 아이도 있다고 느긋하게 생각하며 조바심 내지 않고 기다렸습니다.

왜 글을 가르칠 때는 조바심을 낼까

그런데 문자를 가르칠 때에는 꼭 다른 아이와 비교하게 되며, 그래서 조급증을 느껴 심지어 매질까지 하면서 아이들을 가르칩니다. 한 살 난 아이나 다섯 살 난 아이나 가르치는 데 무슨 차이가 있겠습니까? 한 살 난 아이에게 말을 가르칠 때에는 행복하게 가르치는데, 왜 다섯 살 난 아이에게는 옆집 아이처럼 잘하지 못한다고 조바심을 내며 글을 가르치는 걸까요? 만약 아이들에게 말을 가르칠 때 글자를 가르칠 때와 같은 감정으로 가르쳤다면 아이들은 말을 훨씬 늦게 습득했거나 지금처럼 유창하게 말하지 못했을 것입니다. 짜증을 내면서 '엄마' 소리를 따라 할 것을 강요했다면 아이는 말은 고사하고 울기부터 했을 것입니다.

이런 예는 얼마든지 있습니다. 오래전에 미국에 이민 가서 살고 있는 한 부부는 애국심이 투철한 사람이었습니다. 아이가 어릴 때부터 우리말과 영어를 같이 가르치려고 했는데, 쉽지 않았습니다. 아이가 자꾸 우리말의 존댓말을 까먹었습니다. 그래서 정확하게 말하도록 강요했더니 그다음부터 아이는 우리말을 조금도 하려고 하지 않았고, 성인이 된 지금까지도 우리말을 제대로 하지 못한다고 합니다.

이렇듯 조급증은 부모의 마음을 일그러지게 합니다. 아이들은 말이든 문자든 그것에 주목하기보다 부모의 감정에 주목하게 됩니다. 이것이 배움을 더디게 하는 원인입니다.

부모들은 어떤 경우에도 '몇 동에 사는 누구네 아이는 신문을 줄줄 읽고, 언니 누나들처럼 책을 줄줄 읽는다더라' 등의 유혹에 빠져 조급증이라는 선악과를 따먹는 어리석은 일은 하지 말아야겠습니다. 이것이야말로 아이를 망치는 일이기 때문입니다. 뱀이 이브를 유혹할 때에도 선악과를 먹으면 눈이 밝아 하나님과 같이 된다고 유혹하지 않았습니까? 남의 아이들과 같이 공부시켜야겠다는 강박관념을 물리쳐야 합니다. 뱀도 이 같은 비교법으로 사람을 망하게 했습니다.

너무나 유명한 이야기지만 에디슨이 공부를 못한다고 학교에서 쫓겨났을 때 그의 어머니는 어떻게 했습니까? 다른 아이와 비교하며 바보로 취급하기보다는 아이가 가지고 있는 독특한 재능을 살리는 길을 택하지 않았습니까?

공부는
알사탕 같구나!

　　　　　오래전 막내가 초등학교 1학년 때의 일입니다. 담임 선생님께서 숙제를 내셨는데, 식구들의 이름과 생년월일을 적어 오라는, 좀 이례적인 것이었습니다. 나도 오래전에 한자로 그런 숙제를 한 기억이 있어 아직도 이런 숙제가 있구나 싶어 재미있어하면서 숙제를 도와주었습니다.

　먼저 아빠 엄마의 이름과 생년월일을 알려 주고 누나 넷의 이름과 생년월일은, 집에 있는 아이는 직접 물어서 적게 하고 없는 아이는 엄마가 알려 주었습니다. 숙제는 이것으로 끝이 아니었습니다. 우리 집엔 그때 아이들 할머니와 증조할머니가 계셨습니다. 할머니 이름과 생년월일도 적었습니다.

그런데 증조할머니와 막내 사이에 이 일로 문제가 생겼습니다. 그때까지도 막내는 할머니 두 분의 이름을 알지 못했습니다. 그저 '큰할매, 작은 할매'로 부르면서 지내 왔으니 알 필요가 없었던 것이지요. 그때 할머니의 연세는 여든이 넘었고 무학이셨습니다.

막내가 할머니에게 이름을 물어보니 대답이 '정서이'였습니다. 그래서 막내는 "서이가 뭐예요, 이름이에요?" 했습니다. 그랬더니 이번에는 똑똑히(?) '정서니'로 발음했습니다. 이렇게 되니 막내는 어느 이름을 적어야 할지 헷갈리게 된 것이었습니다. 다시 다그치니 이제는 "선 자도 모르나?" 하시면서 다른 이름이 나온 것이었습니다. 원래 할머니의 존함은 '정선이(鄭先伊)'인데, 아이가 물을 때마다 그 대답이 왔다 갔다 하니 막내는 혼란스러웠지요.

막내는 나에게 할머니의 이름을 정확히 알려 달라고 했습니다. 나는 연유를 알아보고 할머니의 이름을 바로 알려 주었습니다.

그랬더니 막내는 할머니에게 가서 "할매는 할매 이름도 모르나?" 했습니다. 그런데 할머니는 증손자의 그 말이 귀여웠는지 웃으시며 "그래, 이 할매는 할매 이름도 모른다. 할매는 여든이 넘어도 글을 못 배워 할매 이름도 모른단다. 너는 여덟 살밖에 안 되어도 글을 배웠으니 다 쓸 수 있지. 그러니 글이 좋지" 하시면서 속치마 안주머니에 꼬깃꼬깃 넣어 두었던 지폐 한 장을 꺼내 주셨습니다. "할매는 바보다. 글도 모르고. 그러니 글이 좋지, 글이 좋지" 연거푸 말씀하시면서 "학교 갔다 오면서 사탕 사 먹어라" 하셨습니다.

막내는 이제 신이 났습니다. "할매 이름 잘 썼다고 돈 벌었다" 하면서 좋아했습니다.

다음 날 막내는 학교에 갔다 오면서 사탕을 사서 입에 넣고 논둑길을 따라 집으로 돌아왔습니다. 그러면서 생각했습니다.

'공부는 알사탕 같구나!'

아들에게 쓰는 편지

앞에서도 말했지만 막내는 나에게 엄청난 부담이었습니다. 위로 딸 넷이 모두 공부를 잘해 주었는데, 만약 막내인 아들이 공부를 못하면 '누나들은 공부를 잘하는데 나만 못한다'는 콤플렉스를 이기고 제 할 일을 하면서 인생을 당당히 살아갈 수 있을까, 이것이 가장 걱정되는 부분이었습니다.

아들은 고등학교 2학년이 되면서 이런 문제에 직면하게 되어 엄청난 스트레스를 받고 있었습니다. 이성 문제에도 어려움을 겪고 있었습니다.

나는 나의 어릴 적 경험들을 솔직히 이야기해 주고 나서 "당시는 참을 수 없는 괴로움이었지만 지금은 너도 보다시피 아련한 추억으로 간직하고 아무 문제없이 너희들과 같이 행복하게 잘살고 있지 않느냐?"라고 말해 주었습니다.

그리고 다음과 같은 비유를 들어 자신을 돌아보게 했습니다.

"우리는 누구나 초등학교 때의 운동회를 잘 기억하고 있다. 학교 운동장에 걸려 있던 만국기며 우렁찬 응원가, 청군 백군으로 나뉘어 힘차게 당기던 줄다리기와 기마전…… 어느 것 하나 우리를 기분 좋게 하지 않은 게 없다.

달리기 경주는 또 어땠는가. 출발선에 서서 "탕" 하는 총소리를 기다리며 긴장하던 때를 기억할 것이다. 후들후들 다리가 떨리고 가슴까지 떨며 숨죽여 기다리지 않았는가. 그러다 총소리가 나면 모든 것을 잊고 바람을 가르며 달리던 그때를 기억할 것이다. 우리는 이것을 모두 즐거운 추억으로 행복하게 간직한다.

이처럼 고교 3년은 인생에서 마치 초등학교 운동회 때 스타트라인에 선 순간과 같다. 그래서 고등학교 때는 초등학교 운동회 때의 달리기처럼 긴장하여 다리가 떨리고 가슴이 두근거린다. 장래에 대한 불안으로 스트레스를 받기 때문이다. 그러나 지나고 보면 고교 생활처럼 즐거운 학창 시절도 없다. 마치 우리가 초등학교 운동회 때를 아름다운 추억으로 간직하듯이.

인생을 발 아래만 보며 긴장하지 말고, 전체를 보며 멀리 생각해라."

우리 막내가 다니던 학교의 교정 벤치에 앉아 해 주었던 말입니다. 나는 며칠 뒤 그때 다 해 주지 못한 이야기들을 편지로 써서 보냈습니다.

율이 보아라.

펜을 들고 앉으니 '네가 있어 내가 살 수 있는 거야'라는, 조금 전에 한창 유행하던 유행가 노랫말이 생각난다.

네가 태어나던 날부터 오늘까지 너는 이 아빠를 얼마나 행복하게 했는지……. 건강하게 잘 자라 주니 먼저 하나님께 감사하고 너에게 고맙기까지 하구나. 더욱이 너는 구룡포의 공부 선수가 되어 오늘날까지 오게 되었는데, 그것 또한 이 아빠를 기쁘게 하였다. 이제는 포항의 공부 선수가 되었고 경상북도의 공부 선수가 되어 밤낮으로 연습하니 자랑스럽고 또 자랑스럽다.

그러나 이 아빠를 자식 자랑으로 들뜬 아버지로 생각하지 말아라. 너의 성장 속에 그 많은 어려움을 하나하나 꿰뚫고 있는 이 아버지는 너에게만은 코치요 감독이란 사실을 결코 잊어서는 안 된다. 어떠한 어려움도 거뜬히 해결할 수 있는 경험 많고 능력 있는 베테랑 코치요 감독이란 사실을 결코 잊어서는 안 된다.

그럼 먼저 너의 요즘 스트레스(내신 때문에)에 대하여 말하겠다. 내가 왜 이 편지의 서두에 너를 '공부 선수'라 말했는지 알겠느냐? 과연 그렇다. 너는 구룡포에서도 수학 경시대회에 뽑힌 공부 선수였다(선수: 대표로 뽑힌 사람). 그리고 너는 포항중학교에서 뽑힌 공부 선수로 과학고에 들어갔다. 마치 운동선수로 뽑혀 체육고등학교에 들어가는 것처럼. 그래서 너희 반 친구들을 파트너로 하여 공부라는 씨름을 밤낮으로 하지 않는가? 그렇게 해야 너의 근육(두뇌)이 발달하고 기술(학습 능력)이 향상되어 더 큰 선수로 자라지 않겠는가? 그러면 이제 너의 파트너인 너희 반 친구들을 어떻게 생각해야 하겠는가? 특히 너보다 앞서 가는 친구들로부터 스트레스를 받는다면 이제 어떻게 생각해야 하겠는가? 너와 파트너가 되어 너의 근육을 강하게 해 주고 너와 씨름하여 너에게 인내와 많은 기술을 익히도록 도와주는 너희 반 친구들……. 이 얼마나 고마운 파트너이며 문자 그대로 고마운 친구들인가! 이제 마지막 말을 해야겠다. '네가 있어 내가 살 수 있는 거야'라는 노래말을 너는 '네(친구)가 있어 내가 공부를 더 잘할 수 있었노라'로 바꾸어 불러 보아라. 너의 학교생활은 훨씬 즐거울 것이며 공부도 더 잘될 것이다.

1998년 8월 15일
항상 아들 율이를 사랑하는 아빠가

추신 : 내신이 안 나오면 2학년 마치고 검정고시를 보면 되니 걱정하지

말아라. 지금은 '친구의 샅바'를 잡고 열심히 연습이나 해라. 반드시 좋은 결과가 있을 것이다.

이 편지를 읽은 후 막내는 훨씬 더 밝은 표정으로 공부에 열중할 수 있었습니다. 특히 '친구의 샅바'를 잡고 열심히 공부하라는 표현이 너무나 멋있었다고 아빠의 편지를 칭찬해 주기까지 했습니다.
때로는 자녀들에게 편지를 써 봅시다.

아들과 함께 쓰는 시

나는 초등학교 때부터 시를 무척 좋아했습니다. 그래서 시와 시조를 줄줄 외우고 다녔습니다. 그 가운데에서도 이은상 선생님의 '가고파'라는 시를 특히 좋아했습니다. 그런데 그렇게 시를 좋아하면서도 한 수도 제대로 지어 보지 못했습니다. 애는 많이 써 보았습니다. 그런데도 지어 놓고 보면 '시'가 아니었습니다. 그래서 시인을 지금도 가장 존경하는지도 모르겠습니다.

그런데 오래전에 교육자이자 아동문학가이신 이오덕 선생님이 쓴 《일하는 아이들》이라는 책을 친구에게서 선물받아 읽어 보고는 시란 이런 것이구나 하는 생각이 새로이 들었고, 어쩌면 나도 시를 쓸 수 있으리란 생각을 했습니다.

그래서 늦게 둔 아들이 초등학교에 들어가자 시 몇 편을 같이 썼습니다. 이것이 시인지 장난인지 모르겠지만 시를 지으면서 더할 수 없이 행복했고 아들도 무척 좋아했습니다.

무더운 여름날이었습니다. 아들은 어디를 다녀왔는지 집에 들어오자마자 "아빠, 오늘 덥더라. 하늘엔 해뿐이더라" 하고 말했습니다. 아들은 온몸에 비 오듯 땀을 흘리고 있었습니다. 정말 더운 날이었습니다.

나는 아들의 말에 깜짝 놀랐습니다. 더위 때문이 아니었습니다. 그 말 때문이었습니다. 덥다는 말을 이렇게 표현할 수도 있구나. 이 얼마나 재미있는 표현인가. 적어도 나는 그렇게 들었습니다. 그 말이 곧 '시'라는 생각이 들었습니다. 아들이 초등학교 2학년 때의 일입니다.

아이는 하늘에 '구름 한 점 없는' 무더운 날씨를 그렇게 표현한 것이었지만 나는 이 기막힌 표현을 그냥 잊어버릴 수 없다고 생각했습니다. 그래서 땀을 뻘뻘 흘리는 아들을 얼음 같은 지하수로 목욕을 시키고 시원한 방바닥에 누워서 함께 시를 짓기 시작했습니다. 때마침 매미 소리가 온 동네에 시원하게 퍼졌습니다.

제목은 '한여름'입니다.

하늘은 해가 다 차지하고

우리 동네는

매미 소리가 다 차지했다

이 석 줄이 우리가 지은 시의 전부입니다. 그러나 나는 20여 년이 지난 지금도 이 시를 사랑하고, 이제 어른이 된 아들도 아빠와 같이 쓴 이 시를 되뇌며 행복해합니다.

우리 집은 논이 없어 가을날 거둘 곡식이 별로 없었습니다. 그래서 밭에서 나는 콩을 소중한 것으로 알고 매해 심어 가을에 거두었습니다. 그해에도 콩을 거두어 할머니가 막대기로 콩을 털고 있었습니다. 마당에는 여름 내내 열심히 일하던 소가 혼자 말뚝에 매여 한가롭게 여물을 삭이고 있었습니다. 이를 바라보고 있던 막내가 마루를 지나 방으로 들어오면서 "아빠 소는 심심해서 우예(어떻게) 노노(노나)?" 했습니다.

아이들은 참 희한한 질문도 한다 싶었습니다. 그래서 나는 대뜸 "니는 심심하면 우예 노노?" 했습니다. 그랬더니 아들놈은 "우리야 심심하면 테레비 보지 뭐" 했습니다. 그러더니 다시 밖으로 나가 소 앞에서 노래를 하면서 "소야, 니는 심심해서 우예 노노? 우리는 심심하면 테레비 본다"며 놀리고 있었습니다. 그러다 "소야, 니는 우리가 테레비가?" 했습니다. 아들은 소가 물끄러미 저를 쳐다보고 있는 것을, 소가 저처럼 텔레비전을 보고 있다고 생각한 모양이었습니다.

손자의 그 소리가 귀여웠는지 할머니가 한마디 하셨습니다.

"그래, 이놈아. 소 테레비도 너거고(너희들이고), 할매 테레비도 너거다."

나는 이 가을 마당의 정경이 한 구절의 동요요, 한 폭의 동양화 같다는 느낌이 들었습니다. 그래서 아들과 같이 시로 기록해 간직하고자 했습니다.

제목은 '가을 마당'이라고 붙였습니다.

소야 니는 심심해서 우예 노노?
우리는 심심하면 테레비 본다
소야 니는 우리가 테레비가?
그래 이놈아
소 테레비도 너거고
할매 테레비도 너거다
할머니 말씀

이것이 시가 되는지 나는 모릅니다. 그러나 나는 아들과 함께 쓴 이 시들을 아직까지도 어떤 유명한 시인의 시보다 더 좋아합니다.

'감나무'라는 시도 지었습니다.

올해도 우리 집 감나무는 따지도 않았다

품삯도 되지 않는다고

할머니 감나무 보고 한숨 지으시는데

까치 한 마리 꼭대기에 앉았다

까치야 너는 좋겠다

까치밥이 많아서……

'친구 사이'라는 시도 있습니다.

엄마는 아빠보고 친구라 했다

아빠는 엄마보고 친구라 했다

친구와 친구 사이에 누워 있을 때 나는 가장 행복했다

막내가 초등학교 시절에 엄마 아빠와 같이 자던 때의 얘기를 듣고 쓴 시입니다. 지금 생각하면 아내도 나도 아주 행복한 때였습니다.

복습이 동전이면
예습은 금화다

공부도 효율적으로 해야 합니다. 그러려면 학교 수업을 최대한 활용해야 합니다. 학생에게는 학교 수업만큼 중요한 일이 없기 때문입니다. 그런데도 대부분의 아이들은 이를 제대로 활용하지 못하고, 부모는 엉뚱하게 학원이나 과외에만 매달리려고 합니다.

그 원인을 나는 학생이 수업에 임하는 마음의 준비가 되어 있지 않기 때문이라고 생각합니다. 어떻게 마음의 준비를 해야 할까요?

'오늘도 열심히 수업에 임해야지' 하는 다짐만으로는 불가능합니다. 하루 10시간 이상 의자에 앉아 남의 이야기를 듣는 것은 중노동입니다.

만약 선생님이 교실에서 강의하지 않고 텔레비전을 통해 한다면 대부분의 아이들은 채널을 돌려 버릴 것입니다. 그렇지 않아도 아이들은 이미 다른 방법으로 선생님의 생방송(?) 채널을 돌리고 있습니다. 선생님이 약간 주의를 돌리는 틈을 타 옆 아이나 앞 아이들을 집적거린다든지 교과서 사이에 만화책이나 소설책을 넣고 읽는다든지 합니다. 어떤 아이는 선생님이 수업 중에 습관적으로 쓰는 말투를 세면서 시간을 보내기도 합니다. 이를테면 선생님이 '예를 들면'이라는 말을 자주 쓰는 습관이 있으면 그 말을 한 시간에 몇 번 사용하는가를 세어 보면서 시간을 보내기도 합니다. 이렇게 표나게 그 시간을 달리 보내지 않더라도 온갖 다른 공상을 하면서 시간을 보냅니다.

어떤 선생님의 말에 의하면 수업에 제대로 참여하는 아이는 한 반에서 5%도 안 된다고 합니다. 얼마나 충격적인 말입니까.

이렇게 딴전을 피우지 않고 수업에 몰입할 수 있는 방법으로 나는 아이들에게 예습을 꼭 해 가라고 권했습니다(나는 수업에 관심을 갖지 못하는 이유는 수업 준비가 되어 있지 않아서라고 생각했습니다).

그래서 복습은 하지 않더라도 예습은 반드시 해야 한다고 강조 또 강조했습니다. 예습이 없으면 성적을 올리기는 아예 틀린 것이니 "네가 성적을 올리려면, 성적을 올리고 싶으면, 그렇게 작정했다면 예습을 해 가라" 하고 말해 주었습니다.

"10시간의 복습보다 1시간의 예습이 더 효과적이다"라는 말도 해 주었습니다. 예습 한두 시간은 학교 수업 전부를 복습으로 만든다고 일러 주었습니다. 준비를 하고 수업에 임하면 모든 수업 시간이 복습이 됩니다. 그러므로 1시간의 예습이 10시간의 복습보다 더 낫다는 말은 근거가 있는 말입니다.

예습이란 미리 공부해 가는 것이 아니다

그런데 예습은 무리한 요구라고 생각하는 사람이 있습니다. 그러나 결코 그렇지 않습니다. 예습이란 미리 공부를 다 해 가는 것이 아니라 다음 날 수업 중에 내가 무엇을 공부하게 되는지를 살펴보고, 공부할 내용 가운데 선생님 설명을 듣고 깨우쳐야 할 것이 무엇인지를 미리 체크해 가는 것입니다. 이것은 모르는 것을 미리 공부해 가는 선행학습(?)과는 근본적으로 다른 것입니다.

우리가 이미 경험했듯이 혼자 배우는 것은 참 어렵습니다. 남의 말 몇 마디만 들으면 금방 알 것을, 온종일 끙끙거리며 애쓸 필요가 있을까요? 사실 대부분의 아이들은 그렇게 할 수도 없고, 하지도 않습니다.

그렇기 때문에 나는 내일 배울 것을 '미리' 공부해 가라는 말 대신 내일 배울 부분 가운데에서 이해가 안 되는 부분이 어디인지 체크해 가라는 말로 바꾸었습니다. "네가 성적을 올리려면 그렇게 하는 게 훨씬 수월하다"고 일러 주었습니다. 오늘 편안한 마음으로 내일 공부할 어려운 것들을 체크해 가면 나중 시험 기간에 밤샘을 하는 것보다 오히려 낫다고 설파했습니다. 이것이 나의 비교우위론(?)입니다. 우리 아이들이 그래도 남보다 성적이 좀 좋았던 것은 이 예습이 한몫을 톡톡히 했으리라 생각합니다.

예습이 중요한 까닭

그런데 이 별것 아닌 예습이 왜 그렇게 중요할까요? 모든 기억력은 관심도에 비례하기 때문입니다. 미리 체크를 하고 가면 그 수업에 관심이 가게 마련이고, 그렇게 되면 수업에 귀를 기울이게 되고 때로는 질문도 할 것입니다.

이렇게 하면 얼마나 생동감 있는 수업이 되겠습니까. 기억하려고 애를 쓰지 않아도 저절로 오래 기억될 것입니다. 나의 어릴 적 일을 생각해 봐도 성경 수업 시간에 교목 선생님에게 질문하고 토론한 것이 평생 남아 오늘날까지 내 생활 전반을 지배하고 있습니다.

나는 '복습이 동전이면 예습은 금화다'라고 말하고 싶습니다. 복습하는 일의 일당이 1만 원이면 예습하는 일의 임금은 10만 원, 아니 그 이상의 가치가 있습니다. 예습 없는 수업은 독학과 마찬가지입니다. 그래서 대부분의 아이들은 자연스럽게(?) 공부를 포기하게 되는 것입니다.

아시밭은
대강 맨다

지금은 거의 찾아보기 힘들지만 옛날에 초봄, 아직 봄이라고 하기는 조금 이른 시기에 아시(초벌)밭을 맬 때 겨울이 따뜻하면 어느 것이 풀이요 어느 것이 곡식인지 모를 만큼 풀이 많을 때가 있습니다. 특히 겨울이 따뜻하고 지난해 콩농사가 잘되지 못했거나 보리농사가 잘 안 되어서 풀씨가 많은 밭은 이듬해 풀이 더 많이 납니다.

그럴 때 초보 농부는 풀을 알뜰히 매려고 한두 고랑으로 하루를 다 보냅니다. 그러다 보면 풀은 자꾸 자라 곡식을 덮어 버려서 결국 일의 진척은 더디고 농부는 지치게 마련입니다. 여름 콩밭은 더합니다. 지금은 콩밭에 다들 제초제를 뿌리기 때문에 그런 일이 드물지만 옛날엔 가끔 그랬습니다. 장마비가 잦아 때를 놓치면 아시밭 매기에 실패해서 그해 콩농사를 포기하는 경우가 많았습니다.

경험 많은 농부들은 아시밭을 맬 때 빨리빨리 대강 풀을 잡아 가면서 풀이 곡식을 이기지 못하도록 심한 상처만 줄 정도로 하고는 재벌밭을 매면서 풀을 잡아갑니다.

사실 일을 해 보면 이것이 효과적이란 것을 경험 많은 농부들은 알고 있습니다. 농부들의 심리적 부담을 줄여 주어 일의 능률도 한결 올려 줍니다. 이때 밭을 매는 아낙네들은 "눈(目)아, 겁내지 마라. 손(手) 내가 한다" 하면서 스스로 심리적 부담을 줄이려고 구성지게 노래를 부르면서 밭을 맵니다.

아이들 공부를 시키는 것도 마찬가지 아닐까요? 처음부터 완벽하게 익히게 한다든지 철저히 다 암기하게 한다든지 하는 것은 힘만 들지 별 효과가 없습니다. 오히려 아이들을 지치게 할 뿐입니다.

우리 아이들의 경우를 보면 한자 공부뿐 아니라 영어, 국어, 사회, 심지어 수학까지도 아는 것을 중심으로 대강 참고서 한 권을 훑어보고 다시 보는 게 더 효과적이었습니다. 앞에서도 말했지만 논을 갈 때도 아시갈이는 처음에 성글게 드문드문 갈아 두었다가 그 골 사이로 물이 고여 논바닥이 물러졌을 때 다시 촘촘히 갈아엎고 써레질, 번지질을 해서 마지막에 모를 심습니다. 아시방아도 처음에는 대강 찧고, 두 번째 찧을 때 방앗귀(쇠로 된 것)를 갈아 미(찧어지지

않은 나락) 없이 완전히 찧어 냅니다.

  이렇게 일을 하는 데에도 지혜가 필요하고 공부를 시키는 데에도 방법이 있습니다. 하나는 지쳐 포기하고 하나는 끝까지 다 해내니, 방법의 차이가 성패의 차이를 가져옵니다.

숙제는
아이들 수준에 맞게

　　　　　　　어릴 적에 방학책을 받는 날은 나에게 아주 즐거운 날이었습니다. 통지표를 같이 받게 되어 좀 걱정이 되었지만 내일부터는 학교를 가지 않아도 되는 그런 날이라는 생각에 너무 좋았습니다. 숙제를 못했다고 종아리를 맞거나 청소 못했다고 손바닥을 맞는 등 이런저런 시달림에서 해방되는 아주 즐거운 날이기 때문입니다.

　그런데 방학의 즐거움도 잠시, 방학이 끝나 가고 개학날이 다가오면 나는 다시 불안해졌습니다. 나는 한 번도 방학 숙제를 다 해 간 적이 없기 때문에 홀가분하게 개학을 기다린 적이 없었습니다.

　방학책은 나에게 너무나 어려운 숙제였습니다. 내가 쉽게 할 수 있는 숙제는 국어책을 한 번 다 써 가는 것과 곤충채집 그리고 식물채집 정도였으며, 겨울방학이면 연 만들기 정도였습니다. 그래서 할 수 없이 실력 있는 친구들의 방학책을 보고 답을 베껴 갔습니다.

이것은 내 어릴 적 자존심을 구겨 버리는 일이었습니다. 오랫동안 친구의 숙제를 베꼈다는 양심의 가책을 지울 수 없었습니다. 그러나 내 힘으로 할 수 없는 숙제인데 어떻게 하겠습니까. 종아리 맞는 일을 피하기 위해 내가 할 수 있는 다른 방법을 그때는 생각할 수 없었습니다.

지금도 이런 일은 마찬가지가 아닌가 싶습니다. 여전히 아이들의 능력과는 상관없이 반 아이들 누구에게나 똑같은 숙제가 주어집니다. 그래서 좀 능력이 떨어지는 아이는 친구의 숙제를 보고 베끼거나 엄마가 대신 해 주는 일이 계속되고 있습니다. 왜 다양한 숙제를 내주면서 그 가운데 한두 가지 자기 능력과 적성에 맞는 것을 골라서 해 오라고 하지는 않는지 모르겠습니다. 그래서 아이들 자긍심도 살리고 차츰 어려운 숙제에도 의욕적으로 도전할 수 있는 기회를 주지 않는지…….

수준이 떨어지는 아이들에게 남의 숙제를 베끼게 하거나 엄마가 아이들 숙제를 대신하게 하는 일은 없어져야 한다고 봅니다. 이런 일은 진정으로 아이를 위한 교육이 될 수 없습니다. 교육이란 모름지기 우열을 가릴 목적으로 있는 것이 아니라 한 인간이 고품질의 인생을 살아갈 수 있도록 도와주는 것이기 때문입니다.

7

꿩 새끼를 몰며 크는 아이들

눈높이가 아니라 가슴높이에 맞춰야 하는 까닭

꿩 새끼를 몰며 크는 아이들

보리 수확이 끝난 여름, 우리 산촌 아이들에게 가장 재미있는 일 가운데 하나는 꿩 새끼를 잡는 일입니다. 중꿩이 되기 전 손에 잡힐 듯 말 듯 날아다니는 꿩 새끼들은 우리 아이들에게 정말 재미있는 놀잇감이었습니다.

꿩 새끼 잡는 일이 왜 그렇게 재미있느냐 하면, 우선 마릿수가 많다는 점을 들 수 있을 것입니다. 한 번에 여러 마리가 푸드덕거리고 날아올랐다가 곧 여기저기 풀숲에 숨는 것을 보면 그놈들 가운데 한 마리는 잡을 수 있을 듯하기 때문입니다. 그리고 꿩은 몸이 그렇게 잽싸지 못합니다. 잡힐 듯 말 듯 언제나 그렇습니다.

그러나 그것은 결코 쉬운 일이 아닙니다. 숨바꼭질에 천재적인 꿩 새끼들을 찾아내는 일은 우리 어린아이들에게는 여간 어려운 일이 아니기 때문입니다. 설사 발견했다 하더라도 내 손에 넣기까지는 또 고비를 넘겨야 합니다. 한 번 더 날아 영영 놓치는 경우가 대부분입니다. 이렇게 쫓고 쫓기는 게임을 하다 보면 옷과 신발이 찢어지고 종아리는 억새에 베어 피가 납니다. 하지만 그때는 그걸 조금도 느끼지 못하고 이리 뛰고 저리 뛰고 합니다. 숨도 가쁘지 않습니다.

그러다 꿩 새끼들은 다 날아가 버리고, 아이들은 그제야 가쁜 숨을 내쉬면서 "조금만 빨랐으면 잡을 수 있었는데" 하며 내일은 꼭 잡을 거라고 각오를 다지곤 합니다.

그런데 만약 그때 어떤 부자가 꿩 새끼 대신 돈을 주면서 이 산 저 산을 달려 보라고 했다면 아이들은 그처럼 달리지 못했을 것입니다. 상당히 큰 돈일지라도 그렇게 신나게 달리지 못했을 것입니다. 그처럼 옷과 신이 찢어지는 줄도 모르고 종아리에 피가 흐르는 줄도 모르고 풀숲을 달리지는 않았을 것입니다. 체육 선생님이 그렇게 달리면 몸에 아주 좋으니 자주 달려 보라고 권위 있는 말로 이끌었더라도 결코 그렇게 신나게 달리지 못했을 것입니다.

이것은 아이들 교육은 그들의 호기심을 유발할 수 있는 알맞은 거리가 없으면 좋은 결과를 기대할 수 없다는 사실을 보여 주는 적절한 예입니다. 그러므로 그럴싸한 교육 이론보다는 아이들 기호에 꼭 맞는 교육 프로그램의 개발이 무엇보다 중요합니다. 주인이 바뀔 때

마다 유흥업소의 인테리어를 고치듯이 장관이 바뀔 때마다 뜯어고치는 교육정책이 아닌, 아이들을 위한 다양한 교육 프로그램의 개발이 더 시급합니다. 교육 효과(운동 효과)를 극대화할 수 있는, 아이들의 호기심을 자극할 수 있는 프로그램의 개발, 이것 없이는 결코 좋은 결과를 기대할 수 없다는 말입니다.

마음은 콩밭에 있는데

우리 아이들은 무엇을 갖고 태어날까요? 공수래공수거를 말하자는 것이 아닙니다.

사람은 누구나 각기 다른 개성을 갖고 태어납니다. 이 아이는 이것을 좋아하고 저 아이는 저것을 좋아하고, 어떤 아이는 이것을 하고 싶어 하고 어떤 아이는 저것을 하길 싫어합니다. 이는 곧 아이들 교육에서 아이들의 좋아하고 싫어하는 마음(가슴)을 무시하고서는 교육을 생각할 수 없다는 말이 될 것입니다.

그러나 우리의 교육은 어떠했습니까? 우리의 교육사를 살펴보면 교육은 어쩌면 이 개성을 무시하기 위한 것이 아니었나 하는 생각이 들 정도입니다.

옛날 우리의 자녀 교육을 살펴봅시다. 교육 하면 서당에 가서 《천자문》 외우는 것이 그 첫걸음이었습니다. 아이의 관심이나 호기심이 어디에 있건, 무조건 얌전히 앉아 《천자문》을 암기하도록 합니다.

그다음에는 《명심보감》, 《사자소학》을 가르치고 다시 《맹자》, 《공자》, 《대학》, 《논어》를 익히게 합니다. 이에 잘 적응하면 천재, 다음은 영재, 수재, 그리고 대부분 보통이나 둔재가 되었습니다. 그래서 최후까지 남은 자는 벼슬자리에 올라 최고 통치자인 왕에게 잘 복종하는 신하가 되는 것입니다.

그러면 오늘날 우리는 어떤 교육을 해야 할까요? 마땅히 교육의 본질에 맞게 해야 합니다. 내 아이의 관심이 어디에 있는가, 그가 무엇을 좋아하는가를 알아 거기에 맞추어 교육을 해야 합니다.

특히 유아교육은 아이의 개성에 맞춘다는 표현보다는 아이의 호기심에 '편승'해서 시켜야 한다는 표현이 더 적절할 것입니다. 좀 더 구체적으로 말하면 아이들의 호기심을 좇아 재미있게 글자를 익히게 하고 독서 습관을 붙이며 계속 공부를 즐겁게 할 수 있도록 도와주어야 한다는 것입니다.

아이들의 마음은 '콩밭'에 있는데 억지로, 심하게는 매질로(우리는 그렇게 배웠습니다) 글자를 익히게 하고 숫자(구구단)를 가르칠 일이 아니라는 것입니다. 그렇게 하면 일시적으로는 효과가 있을지 모르지만, 알게 모르게 공부에 대한 혐오감만 깊이 심어 줄 뿐입니다. 대신 우리는 자녀의 '마음'을 따라 '콩밭'에 가서 자녀와 함께 콩꼬투리를 헤아리며 재미나게 자녀 교육을 해야 하는 것입니다.

다른 아이들과 비교하며 그들의 지적 수준에 맞추려고 억지로 애쓰는 일은, 유익은 적고 해는 많습니다. 내 자녀의 교육을, 또래 집단의 지적 수준이나 내 아이의 지적 수준이 아니라 내 자녀의 가슴높이에 맞추어야 하는 이유가 바로 여기에 있습니다.

우리는 어린 자녀와 공놀이를 할 때 부드러운 공으로 자녀의 가슴높이에 맞추어 공을 던집니다. 그래야 우리의 자녀들이 공을 잘 받습니다. 마찬가지로 교육도 아이의 '가슴높이(관심과 개성)'에 맞추어 공을 던져야 하는 것입니다.

이런 생각 없이 "공부해라. 공부는 보배와 같은 것이어서 너의 인생을 풍요롭게 할 것이다"라고 아무리 말해 보았자 그것은 너무 높이 던진 공이 되어 아이들이 잘 받지 못합니다. 물론 우리의 착한 아이들은 나이 들어 "내가 왜 그때 부모님의 그 간절한 말씀을 듣지 않았을까" 하고 후회합니다. 그러나 그때는 이미 늦습니다. 우리의 교육은 내 자식으로부터 후회의 소리를 듣고자 함이 아닙니다.

내가 만약 나의 아이들을, 이 아이는 이렇게 저 아이는 저렇게 그들의 관심과 호기심을 좇아 글자를 가르치고 그들이 좋아하는 텔레비전을 이용해서 독서 습관을 붙여 주는, 그러한 '가슴높이' 교육을 하지 않았다면 내 아이들에게 오늘이 있었을까 하는 생각을 해 봅니다. 한두 아이는 가능했을지 모릅니다. 그러나 다섯 아이 모두는 아마도 불가능했을 것입니다.

나는 아이들의 가슴을 내 가슴에 맞추어 안아 주곤 했습니다. 그러면서 "가슴에 딱 대 보는 우리 율이" 하면서 노래를 불러 주었습니다. 그리고 가슴이 따뜻한 사람으로 자라 주기를 바랐습니다.

나의 열린 음악회(?)

나는 음악회란 곳에 몇 번 가 보지 못했습니다. 다섯 손가락으로 셀 정도입니다.

어느 날 친하게 지내는 사람이 초대권 한 장을 주기에 KBS의 '열린음악회'에 가 보았습니다. 막상 음악회가 열리는 포항공설운동장 출입구에 들어서니 초대권은 필요 없고, 모두 왁자지껄 운동장 안으로 밀려들어 갔습니다.

집에서 나올 때에 혹시 잊어버릴까 봐 휴대전화를 끄고 온 것부터가 잘못이었다는 생각이 들 정도로 내가 상상한 음악회 분위기는 전혀 아니었습니다. 공설운동장에 운집한 군중이 4만 명이었다고 하니 짐작할 만하지 않습니까? 포항 시내가 떠나갈 듯한 확성기 소리며 현란한 조명 등 그 열기는 가히 장관이었습니다.

나는 무대와 너무 멀리 떨어져 앉았기 때문에 제대로 음악을 즐길 수 없어서 딴 생각을 많이 했습니다. 그런데 그날 음악회에 온 사람 가운데에는 음악에는 별 관심이 없는 사람도 상당히 많았습니다. 주로 장사를 하는 사람들이었는데, 여기저기 비호같이 뛰어다니면서 오징어, 4000원짜리 망원경, 응원에 필요한 반짝이 형광 노리

개, 김밥 등을 파는 사람들이었습니다.

그들의 귀엔 "어이, 오징어 한 마리", "김밥 한 줄" 하는 소리가 곧 노래요, 음악인지 모릅니다. "망원경" 하는 소리가 아무리 작을지라도 그들은 정확히 알아듣고 뛰어왔고, 그 많은 사람들 속에서도 그들을 부르는 작은 몸짓에는 민감하게 반응을 보였습니다.

일류 성악가의 호소력 있는 노래도 그들의 귀엔 한낱 소음일 뿐이었을 것입니다. 현란한 춤동작, 가수나 백댄서들의 몸짓에도 그들은 조금도 반응하지 않았습니다. 오직 가지고 온 물건을 못 팔면 어쩌나, 오늘 저녁에 못 팔면 김밥을 다 먹을 수도 없고 어쩌나 하는 생각뿐이었을 것입니다.

나는 그날 부모들이 아무리 "공부해라, 공부해라" 하고 노래를 불러도 장사하는 사람들처럼 우리 아이들의 관심이 다른 곳에 있으면 어쩌나 하는 생각이 들었습니다. 고성능 확성기보다 더 큰 소리로 부르짖어도 내 자식의 목표와 관심이 딴 데 있으면 무슨 소용이 있겠습니까? 내 아이의 관심이 무엇인지, 왜 그런 관심이 생기게 되었는지 생각해 보고, 그 관심을 돌리는 노력부터 해야 하지 않을까요?

그 자식의 일차적 관심이 딴 데 있으면 아무리 교수법이 좋아도 그 소리는 모두 소음일 뿐이기 때문입니다.

황보 선생님,
너무 유치해요

　　　　　　10여 년 전의 일입니다. 어느 날 한 여자분으로부터 전화가 왔습니다. 자기는 한 아이의 엄마로 방송을 통해 나의 강연을 들었고 책도 읽은 독자라고 했습니다. 그런데 강연뿐 아니라 책을 읽고 생각하니 나의 가르침이란 게 대부분 너무 유치하다는 느낌을 지울 수가 없었다고 했습니다.

　이 말을 듣는 순간 '아차' 하는 생각이 먼저 들었습니다. 그리고는 정말 다른 사람들도 이분처럼 유치하다고 느낄까 하고 잠시 생각해 보았습니다. 그런데 다시 생각해 보니 전혀 틀린 말이 아닌 것 같았습니다. 그래서 나는 잠시 머뭇거리다 "맞는 말씀입니다" 하고는 다음과 같은 설명을 좀 길게 덧붙였습니다.

"저의 책이나 강연은 상당 부분 유치원과 초등학교 수준의 아이들을 어떻게 가르칠까에 초점이 맞추어져 있습니다. 그렇기 때문에 자연 저의 가르침이란 게 '유치'할 수밖에 없지 않았나 생각합니다. 만약 유치원생을 가르치는데 유치한 내용이 아닌 좀 고상한(?) 내용으로 점잖게 말을 한다면 그들이 알아들을 수 있을까요? 이보다는 우리 아이들이 쉽게 이해하게 하기 위해서는 좀 '유치'한 말로 할 수밖에 없지 않을까요?"

뜻밖의 이런 반격(?)에 그 여자분은 약간 의외라고 생각을 하는 것 같았습니다. 그리고 조용히 경청하려는 태도를 보였습니다.

그래서 우리의 과거 교육이 얼마나 아이들의 수준과는 거리가 있는, 이른바 '교훈적'이었는지를 예를 들어 다시 설명해 주었습니다.

"제가 초등학교 시절, 학교 운동장 중앙에서 가장 잘 보이는 높은 곳에 '弘益人間(홍익인간)'이라는 한자가 씌어 있었습니다. 물론 나는 이 글자를 어떻게 읽는지, 그 의미가 무엇인지 알지를 못했습니다. 몇 년이 지나 그 자리에 다시 '홍익인간'이라는 우리 글자가 씌었습니다. 아마 선생님들도 이 한자는 초등학교 학생들에게는 너무 어려우니 쉬운 우리 글자로 써야겠다고 생각하신 것 같습니다.

그러나 나는 아무리 쉬운 우리 글자로 썼다고 해도 그 의미를 초등학교 졸업할 때까지 알지 못했습니다. 내가 그 의미를 희미하게나마 알 수 있었던 것은 중학교에 들어가서도 한참 후가 아닌가 생각됩니다. 국사 시간인가 우리나라 건국 시조인 단군 할아버지의 건국 이념을 배우면서 비로소 그 글자의 의미를 조금 이해하지 않았나 기억됩니다.

이것이 우리 초등학교의 교훈(校訓)이었다니, 너무했다는 생각이 들지 않습니까? 이게 바로 과거 우리나라 어린이 교육의 단면입니다. 이외에도 초등학생으로선 도저히 이해할 수 없는 교훈(教訓)들이 여럿 있었다고 기억됩니다.

나는 솔직히 매년 봄이면 가슴에 리본으로 달고 다니던 '애림녹화'라는 글자의 의미도 잘 알지 못했습니다. 지금 생각하면 왜 당시의 선생님들은 이렇게 아이들이 알지 못하는 말을 하길 좋아하셨는지 알 수가 없습니다. 많은 아이들이 알아들을 수 있는 쉬운 말을 두고 말입니다.

그러나 당시 모든 교훈과 급훈 등이 다 이렇게 어려운 것은 아니었습니다. 그중 내가 쉽게 알아들을 수 있는 말은 겨울이 가까워 오면 언제나 가슴에 붙이고 다닌 '불조심'이었습니다. 이 의미는 분명 불을 조심하라는 것인데, 당시 민둥산이 많았으므로 산불을 특히 조심해야 한다는 것으로 쉽게 이해할 수 있었습니다.

아마 당시 선생님들은 어려운 사자성어를 아이들에게 말하며 그것을 해석하는 것이 큰 가르침으로 멋있다고 생각하고 있었는지도 모르겠습니다. 그리고 그것을 큰 권위로 생각하셨는지도 모를 일입니다.

그런데 그런 풍조는 당시 선생님들뿐 아니라 요즈음 부모들도 같은 심사를 가지고 있지 않나 생각됩니다.

그러나 이런 어려운 말들을 이해하게 되는 시기는 그것을 아무리 쉬운 말로 자세히 설명할지라도 대부분 아주 오랜 후입니다. 이때는 우리 대부분의 부모들이 '왜 내가 그때 선생님이 말씀하신 교훈을 제대로 알아듣지 못하고 열심히 공부를 하지 못했을까' 하고 뒤늦은 후회를 하는 시기 아닐까요?

우리는 왜 내가 그때 선생님들의 말을 옳게 이해하지 못했을까 그 원인을 잘 생각하지는 않는 것 같습니다. 그 내용이 아이들이 이해하기에는 너무 어려웠기 때문인데도, 왜 선생님들의 가르침을 그때 알아듣지 못했는지 먼저 자신을 탓합니다. 이런 행위는 참 겸손하고 예의바른 것 같아 보입니다.

더 큰 문제는 이렇게 후회를 하면서도 아이들이 잘 알아듣지도 못하는 어려운 말로 다시 자식들을 가르친다는 것입니다. 이렇게 똑같은 말을 되풀이한다면 그 결과는 어떻겠습니까? 물어보나마나 대부분 꼭 같은 결과를 가져올 것입니다.

이렇게 똑같은 일을 답습하지 말고 '나는 절대로 그렇게 아이들을 가르치지 않아야겠다'는 각오와 그 방법을 알아 실천을 하는 게 중요하지 않나 생각합니다.

초등학교 교훈으로 '홍익인간'이란 아무래도 너무 어려운 말 같지 않습니까?"

'우리 아이, 유치하게 가르치십시오.' 아무리 되뇌어 보아도 옳은 말인 것 같지 않습니까?

제발, 최선을 다하라고 하지 말자

우리는 자주 아이들에게 "매사에 최선을 다하라"고 말합니다. 조금만 무엇이 미흡하면 "왜 성심성의껏 최선을 다하지 못하고 맨날 그 모양이냐?"라고 나무라기도 합니다.

어릴 때부터 부모님이나 선생님으로부터 이런 말을 줄곧 들어왔기 때문에 우리는 그렇게 말하는 것이 당연하고 잘하는 일인 줄 알고 있습니다.

그런데 우리가 늘 아이들에게 이런 말을 입에 달고 사는 게 정말 효과가 있을까요?

오늘도 우리 손주한테서 전화가 왔습니다. 나의 첫마디는 "오늘도 잘 놀았어? 울지 않고 씩씩하게?"였습니다.

"할아버지야? 나 오늘 잘 놀았어. 놀이터에서 할머니하고."

"그래, 그래야지."

"동생 잘 돌보고 사이 좋게 놀아. 알았지?"

"응."

"그래, 할아버지 끊는다."

손주와의 통화는 언제나 이렇게 끝이 납니다. 그런데 이런 대화가 초등학교 학생이 되었다고 해서 혹은 중고등학생이 되었다고 해서 "오늘도 최선을 다했니?" 한다면 아이들의 느낌은 어떻겠습니까?

이 "최선을 다하라"는 말이 정말 우리 아이들에게 꼭 필요한가 하는 것은, 먼저 이 말을 듣고 자란 우리가 이 말에 어떤 반응을 보였는지를 돌아보면 알 수 있습니다. 그것은 오히려 짜증 나는 말이 아니었습니까? 그 말 때문에 우리는 잘 하던 일도 하기 싫어지지 않았습니까?

"하던 지랄도 멍석 펴 놓으면 안 한다"는 말이 있습니다. 나의 경험으로는 공부뿐만이 아니라 잘 하던 일도 누가 이런 말로 다그치면 오히려 하기가 싫어지고 짜증이 났던 기억이 있습니다.

모든 창의력은 여유로운 생활 속 깊이 있는 사색에서 나온다고 합니다. 이렇게 생각해 볼 때 요즘처럼 아이들의 생활이 숨가쁜 적은 동서고금을 통해 찾아볼 수가 없지 않나 생각합니다.

이게 정말 바람직한 교육인지 의문이 아닐 수 없습니다. 정말로 매사에 최선을 다해야 하는 학자나 교수들도 심지어 모든 일상을 접고 일 년 내내 쉬는 안식년을 누립니다. 적어도 아이들에게만은 "최선을 다하라"고 말하기를 자제해야 하지 않을까요?

8

농사와
자식 농사

농사를 지으며 깨달은 것들

모종 농사가
반농사다

최근 들어 농업도 크게 발전했습니다. 주로 종자 개량과 육묘 산업이 발전을 주도했는데, 농사를 짓는 사람은 누구나 오래전부터 육묘의 중요성을 알고 있습니다. '모종 농사가 반농사다'라는 말이 있을 정도로 육묘는 농사에 지대한 영향을 미칩니다. 좋은 모종이 아니면 소출은 물론이고 품질도 기대할 수 없습니다.

토마토 농사를 전업으로 하는 사람으로서 토마토를 예로 들면 이렇습니다. 육묘가 잘못되면 일찍 병이 들어 재배가 어렵게 되는 것은 물론이요, 초기 수확이 현저히 떨어집니다. 크기도 작고 신맛이 많이 나며, 저온에 잘못 관리하면 기형이 많아 상품성 또한 떨어져 소득이 별로 없습니다.

이처럼 모종 농사가 어렵기 때문에 최근에는 시설이 잘 갖추어진 육묘 공장까지 생겨 농업도 종자 산업, 육묘 산업 등으로 점점 분업화하고 있습니다.

그런데 이보다 훨씬 더 중요한 자식 교육의 육묘 산업이라 할 수 있는 유아교육과 초등학교 저학년 교육의 현실을 살펴보면 불행하게도 이를 제대로 인식하는 사람이 많지 않은 것 같습니다. 아직 의식이 육묘 산업에도 미치지 못하는 것 같습니다.

과거에 유아교육은 젊은 여자라면 누구나 할 수 있는 것으로 생각했습니다. 요즘은 그렇지 않지만 과거 사설 유치원 교사 가운데 무자격자가 없지 않았다는 사실이 그것을 잘 말해 줍니다. 대학교수가 무자격자인 것보다 훨씬 위험하다는 사실을 대부분 인식하지 못했던 것입니다. 교육부 당국자도 학부모도 이 점을 심각하게 생각하지 않았던 것 같습니다. '세 살 적 버릇이 여든까지 간다'는 속담이 말해 주듯 유아기 때 대부분의 생활 습관이 형성되며, 이 습관이 아이의 장래를 결정짓는 중요한 요인이라는 점을 부인하는 사람은 없을 것입니다.

노벨상 수상자의 약 15%가 유대인이거나 유대계라고 합니다. 수상자의 대부분이 이국 사회에 살면서도(본토 인구보다 외국 거주자가 많습니다) 그러한 성과를 낸 것은 무엇 때문일까요? 그들은 대부분 그 나라에서 세운 학교(국립이든 사립이든)에 다닙니다. 대학 교육은 그 나라 학생이나 다른 유학생과 똑같이 받았다고 합니다. 그런데 어떻게 이런 일이 가능했을까요?

그들 대부분은 유아기 때부터 유대인들만 받는 랍비 교육을 받았다고 합니다. 나는 랍비 교육이 어떻게 행해지는지 잘 알지 못합니다. 하지만 랍비식 유아교육과 초등교육을 받은 것 외에는 그들이 다른 민족과 다른 점을 발견할 수가 없었습니다.

이처럼 유아교육과 초등교육의 중요성을 입증하는 자료로 유대인보다 더 나은 예는 없을 것 같습니다.

우리가 옛날부터 실시해 온 암기 위주인 서당식 교육과 유대인의 랍비 교육, 즉 회당식(會堂式) 교육의 차이는 무엇일까요? 현재 우리의 육묘 산업이라고 할 수 있는 유아교육과 저학년 어린이 교육의 문제점은 무엇인지 다시 생각 또 생각해 볼 일입니다.

수박밭의 꼬챙이 이야기

우리 아이들은 아주 어릴 때부터 아빠 엄마를 따라 밭 근처에서 잘 놀았습니다. 따로 아이들을 데리고 놀 사람도 없었고 마땅히 놀 공간도 없었기 때문에 자연스럽게 그렇게 된 것입니다.

우리는 주로 과채류 농사를 지었기 때문에 과일이 열매를 맺는 시기는 아이들에게 아주 커다란 관심거리였습니다. 특히 수박이 열매를 맺고 자랄 때에는 하루가 다르게 자라기 때문에 아이들은 수박이 굵어 가는 것을 보고 "좋아라, 좋아라" 하면서 서로 제일 굵은 수박이 제 것이라고 우기곤 했습니다. 어떤 때에는 제일 굵은 수박을 골라 두었다가 나중에 잘 익으면 자기가 따 먹겠다고 표시를 해 두곤 했습니다. 처음엔 이런저런 표시를 해 두다가 나중에 수박덩굴이 엉키면 표가 잘 안 나자 기다란 꼬챙이를 꽂아 확실하게 표시를 해 두었습니다.

과채류 농사를 수십 년 해 오면서 경험한 바로는 처음에 제일 굵은 수박, 토마토라고 표시해 둔 것이 수확기 때에도 제일 굵은 경우가 한 번도 없었습니다. 생육 초기에는 굵다가도, 나중에 보면 전혀 그렇지 않았습니다. 언제나 다른 것이 더 굵었습니다. 그래서 어릴 적 아이들이 해마다 "이게 제일 굵은 것이니 내 거야. 아무도 손대면 안 돼" 하고 위협적(?)으로 말하더라도 우리 부부는 속으로 나중에 자라 익을 때는 다 잊어버리고 만다고 생각하고 그저 웃을 뿐이었습니다. 그때가 되면 밭에서 제일 굵은 것은 언제나 생각지도 못한 엉뚱한 것이 되곤 했습니다.

수확기가 착과 후 한 달이 조금 넘는 수박도 어릴 때의 성장을 보고 이것이 제일 굵은 수박이 될 것인지 저것이 제일 좋은 수박이 될 것인지를 아는 것은 사람으로서는 불가능한 것 같았습니다.

그런데 이보다 생육 기간이 훨씬 긴 사람을 두고 어릴 때부터 너는 1등, 너는 꼴찌 하면서 순위를 매기는 것이 과연 옳은 일인지…….

  수박은 옆에 1등이라는 표시로 꼬챙이를 꽂았다고 그 수박이 더 자라지도 덜 자라지도 않지만, 그래서 아이들이 꼬챙이를 꽂든 막대기를 꽂든 상관하지 않지만, 아이들에게 1, 2, 3, 4등이라는 꼬챙이를 꽂는 일은 삼가야 하지 않을까요? 모두 다 잘 자라게 격려하고 칭찬하며 이끌어 주는 방법은 없을까요? 모든 어린이에게 패배감을 심어 주지 않으면서 제대로 키우는 방법은 없을까요?

  어릴 때의 패배감은 무엇을 이룩해 보겠다는 성취욕을 일찌감치 죽여 버리는 제초제와 다르지 않습니다.

배추꽃은 왜 봄에 피는가

근래에 우리 마을에도 가로등이 세워졌습니다. 옛날 어둡던 저녁 시골길을 걸어 본 사람이면 누구나 산모퉁이를 돌 때마다 등골이 오싹했던 느낌을 기억할 것입니다. 이제 옛날처럼 두려움에 떨면서 밤길을 걷는 일은 없게 되었습니다.

그런데 몇 달이 안 되어 생각지도 않은 일이 벌어졌습니다. 가로등이 밝게 켜진 시금치밭에서 이상한 일이 일어난 것입니다. "수십 년 시금치 농사를 지어 왔지만 아직 이런 병은 없었다", "씨앗이 나빠서 그런가?" 하며 야단들이었습니다. 시금치가 조금 자라더니 모두 꽃을 피워 버린 것입니다.

시금치는 보통 늦봄에 꽃을 피우는데 겨울도 되기 전에 꽃을 피워 버리니, 돈 한 푼 만져 보지 못하고 밭을 다 갈아엎어야 할 판이었습니다. 그런데 그것이 다름 아닌 가로등 때문이라는 걸 늦게야 알게 되었습니다. 그래서 또 싸움이 벌어졌습니다.

"누가 가로등을 세우라고 해서 우리 농사를 망쳐 놓았느냐?"며 관계자와 시비가 시작되었습니다. 이제라도 가로등을 모조리 꺼야 한다느니 동네가 어두우니 켜 두어야 한다느니 하며 결판이 나지 않았습니다.

그뿐 아니었습니다. 이듬해에는 벼농사에도 문제가 일어났습니다. 가을이 다 되어도 가로등 근처에서는 이삭이 패지를 않고, 겨우 팬 이삭도 누렇게 고개를 숙이며 익지를 않는 것이었습니다.

이처럼 가로등불이 식물에게 꽃을 일찍 피게도 하고 곡식을 익지 못하게도 하는 것인 줄 그제야 알게 된 것입니다.

그런데 식물에 꽃을 피게 하는 원인은 다른 것에도 있습니다. 이른 봄 배추농사를 하는 사람들은 배추가 결구되고 속이 꽉 차오를 때 꽃이 생겨 버리면 큰일이 납니다. 이렇게 되면 '꽃이 생겼다' 해서 상품 가치가 떨어져 출하를 못하기 때문입니다(사실은 약간 꽃이 생길 때 가장 맛이 좋습니다). 온도가 13℃ 이하로 떨어지면 대부분 화아분화(花芽分化)라 해서 꽃이 생깁니다. 무도 마찬가지입니다. 그래서 우리 농사꾼은 어떻게 하든지 한겨울에도 비닐하우스 안을 13℃ 이상으로 유지시키려고 전열온상을 하든가 미숙퇴비를 듬뿍 넣은 온

상을 만들어 배추 모종을 키웁니다.

　이렇게 식물은 다양한 요인으로 꽃을 피웁니다. 어떤 것은 낮이 길면 꽃을 피우고, 어떤 것은 낮이 짧으면 꽃을 피웁니다. 어떤 것은 온도가 낮으면 꽃을 피우고, 상추 같은 채소는 온도가 올라가면 꽃을 피웁니다.

　작물의 특성을 알아야 유능한 농사꾼이 될 수 있습니다. 자식 농사도 예전과 많이 달라졌습니다. 아이들의 마음을 열고 공부할 의욕을 불러일으키려면 무엇보다도 먼저 아이들의 특성부터 파악해야 할 것입니다.

농사는 정성,
교육도 정성

　나는 지금까지 40년 가까이 농사를 짓고 있습니다. 그리고 올해로 10여 년째 무농약 유기농 토마토를 생산해 단골 거래처에 직접 공급하고 있습니다. 나를 아는 사람들은 모두 나를 믿고 값도 후하게 쳐줍니다. 나는 고객들에게 진심으로 감사하고, 그분들도 나에 대해 고맙게 생각하고 있습니다.

　그런데 만약 나의 고객들이 나의 이런 노력을 무시하고 나의 토마토에 제값을 쳐주지 않고, 농사짓는다는 이유 하나만으로 농사꾼인 나를 업신여겼다면 나는 아마 이 일을 계속할 수 없었을 것입니다. 대신 농약을 더 많이 쳐서라도 무리하게 생산량만 늘려 소비자들에게 공급하려고 했을 것입니다. 그렇게 되면 우리의 먹거리는 점점 불량해지고 소중한 우리의 토양도 나빠집니다.

  자녀 교육에서도 마찬가지입니다. 우리의 자녀들을 정성 들여 가르치는 선생님을 불신하고 업신여긴다면 그 결과는 뻔합니다. 그저 입학시키고 졸업시키는, 그래서 생산량(?)만 늘리면 되는 그런 교육이 될 것입니다.

  정성이 들어가지 않은 농사가 제대로 될 수 없듯이 정성이 들어가지 않은 교육이 제대로 될 수 없습니다. 불량품(?)만 생산될 것입니다. 따라서 교육의 토양도 점점 나빠지게 되겠지요.

토마토의 모성애

　　　　　　　나는 아내에게 한 가지 꼼짝 못하는 일이 있습니다. 그건 다름 아닌 아이들을 돌보는 일입니다.

　평소에는 잘 모르지만 아이들이 아플 때에는 언제나 초인적 능력(?)을 발휘해 나를 감동시킵니다. 열이 펄펄 끓어오르는 아이를 업고 꼬박 날밤을 새우다 새벽 첫차를 타고 포항 시내 큰 병원으로 데려가는 아내는 가히 초인적입니다.

　처음에는 나도 보채는 아이를 위해 무엇인가 해 보려고 노력했습니다. 그러나 내 등허리가 더 넓고 튼튼해도 아이들은 하나같이 엄마 등허리만 좋아하지, 내 등은 무슨 가시라도 박혀 있는지 옮겨 업기가 무섭게 더 울어 대니 어쩌겠습니까. 감당이 안 되는데…….

그래서 아이들이 아파 보채면 베개를 끌어안고 다른 방으로 달아나 버렸는데, 지금까지도 아내는 이 일로 오금을 박곤 합니다.

어느 날 내가 잘 아는 아주머니 한 분에게 자랑삼아 이 일을 말했더니 모든 엄마는 다 그렇다면서 나를 마누라 자랑하는 팔푼이쯤으로 생각하는 것 같았습니다.

근년에 식물인 토마토도 이런 모성애가 있다는 것을 알고 새삼 놀랐습니다. 토마토는 반덩굴성 식물인데, 일찍 지주를 세워 주지 않으면 넘어집니다. 그런데 꼭 열매를 업고 넘어진다는 사실을 발견한 것입니다. 전에 노지재배를 할 때에는 넘어지기 전에 지주를 세워 묶어 두었기 때문에 그것을 발견하지 못했습니다. 몇 년 전부터 비닐하우스 재배를 하면서 지주를 늦게 세우는 일이 많았습니다. 그런데 넘어질 때에는 하나같이 열매가 달린 반대쪽으로 넘어졌습니다. 열매가 땅에 닿아 썩는 것을 예방하는 것이었습니다. 어쩌다 사람이 잘못해서 열매가 땅에 깔리도록 넘어지게 하면 그다음 열매라도 땅에 깔리지 않게 몸을 뒤틀면서 애쓰는 것을 보면 애처롭기까지 합니다.

식물도 제 열매를 위해 이렇게 애쓰는데 우리 사람이야 말해 무엇 하겠습니까.

추천의 말

놀라운 '가슴높이' 자녀 교육법

— 조석희(미국 세인트존스대학 교수)

　교육 여건이 열악한 시골에서 5남매를 모두 수재로 키워 낸 황보태조 씨의 이야기를 읽으면서 필자는 정말 '한 수' 배웠다. 실로 뛰어난 교육 실천가라는 칭송이 아깝지 않다. 중요한 것은 다섯 아이를 모두 좋은 대학에 보냈다는 '결과'가 아니라 그렇게 만든 '과정'이다. 황보태조 씨가 아이들을 키우는 과정을 지켜보면서 나 자신 교육학자이자 한 사람의 부모로서 부끄러운 마음이 들었다.

　황보태조 씨가 자녀 교육에 사용했던 방법 하나하나가 매우 소중하여 각각의 방법이 갖는 의미를 밝혀 보고 싶지만 소중하지 않은 것이 하나도 없어 일일이 다 분석하자면 책을 한 권 새로 쓰지 않으면 안 될 정도다. 우선 황보태조 씨의 자녀 교육 방법 가운데 한 번 더 되씹어 보고 싶은 중요한 내용들에 대해 그 교육적인 의미를 생각해 본다.

1. 칭찬거리가 없으면 만들어서라도 칭찬해 준다

우리 부모들은 칭찬에 인색하다. 아이들이 잘못한 것은 눈에 잘 띄는 데 비해 잘한 것은 당연한 것처럼 여기기 때문이다.

그러나 황보태조 씨는 일부러 칭찬거리를 찾아내려고 애를 썼다. 박세리의 아버지도 칭찬을 해 주고 의욕을 북돋워 주기 위해서 박세리가 공을 잘못 칠 때에는 오토바이로 먼저 달려가 공을 좋은 위치에 옮겨 놓고 "잘했다"고 칭찬해 주고, 자만에 빠질 위험이 있다고 생각되면 일부러 공을 좋지 않은 위치에 놓아두었다가 "너무 자만하면 안 된다"고 경고를 주었다고 한다.

황보태조 씨도 아이들이 한자를 공부할 때 공부를 열심히 한 것을 칭찬해 주기 위해 일부러 쉬운 것을 짚어 가면서 물어보았다. 칭찬거리가 없으면 만들어서라도 칭찬해 주어야 아이들은 더 신나서 공부를 열심히 하게 된다. 공부하는 아이를 더 신나게 해 주려고 책을 한 권 떼면 성대한 '잔치'도 열어 주었다. 이는 '자아 효능감과 동기가 높아야 공부를 잘한다'는 교육심리학의 이론을 적절히 적용한 것이다.

2. 아이들의 놀이를 이용해서 공부를 시킨다

부모들은 아이들이 책상 앞에 앉아 무엇을 쓰거나 책을 읽고 있어야만 공부한다고 생각하는 경향이 있다. 아이들이 놀고 있는 상황에 적절하게 끼어들어서 자연스럽게 공부로 유도하려는 생각은 하지 않는다.

딸들이 인형 놀이를 할 때 보통 부모라면 "왜 공부는 안 하고 놀기만 하니?"라고 말하면서, 학습지를 내 주고 글씨 쓰기 연습을 하라고 했을 것이다. 그러나 황보태조 씨는 아이들이 즐겁게 노는 상황을 잘 활용해서 공부가 공부인 줄 모르고 공부하게 해 주었다. 황보태조 씨는 학교 다닐 적에 '공부는 힘들고 재미없는 것'이라는 생각 때문에 공부하기가 싫었다는 경험을 통해서 가능한 한 자녀들이 공부를 재미있는 것으로 생각하게 하려고 부단히 노력했다.

이렇게 아이들의 놀이에 부모가 참여하여 학습 효과를 올리는 방법까지 생각해 냈다는 것은 정말 대단하다. 아이들에게 재미있게 공부를 시키려면, 부모는 아이를 생각의 중심에 놓고 머리를 늘 360° 돌려야 한다. 이는 교육학에서 말하는 '아동 중심' 교육 이론의 실천 방법이다.

3. 아이들이 각자 좋아하는 것을 이용해서 공부를 시킨다

황보태조 씨는 '아이들은 자기가 경험한 것을 바탕으로 세계에 대한 의미를 스스로 구성해 간다'는 구성주의 이론을 적용했다. 더 놀라운 것은 아이의 지식 수준뿐 아니라 흥미, 관심 분야까지도 고려한 아동 중심 교육을 했다는 점이다. 최근 '눈높이'라는 말이 많이 쓰이고 있다. 그러나 눈높이뿐 아니라 '가슴높이'까지 고려하여 아동 중심으로 교육을 했다는 점은 전문 교육자들도 충분히 생각하기 어려운 점이다. 눈높이는 아이가 현재 알고 있는 수준을 고려하여 적합한 내용을 제공해야 한다는 뜻이 더 많다. 그러나 지식의 수준은 비슷해도 좋아하지 않는 주제라면 효과가 크지 않다.

황보태조 씨는 딸들이 공주 인형을 갖고 놀면, 그 인형을 이용해서 글자를 가르치고, 아들이 로봇을 좋아하면 그것을 이용해서 글자를 가르쳤다. 또 어린아이들은 먹을 것을 좋아한다는 점을 이용해서 편지 쓰기 놀이로 글자를 가르쳤다.

아이들의 눈높이와 가슴높이에 맞춘 교육을 하려면 아이들을 잘 알고 있어야 한다. 부모 중심으로 생각하기보다는 아동 중심으로 생각하는 것이다. 우리 아이가 요즘에 재미를 들이고 있는 주제, 대상, 내용이 무엇인지를 잘 알아 두는 것이다. 이는 교육학에서 말하는 '개별화 교육'을 실천한 것이라고 할 수 있다.

4. 자발적으로 학습하는 아이로 키운다

대부분의 부모들은 아이가 공부를 좋아하지 않고 열심히 하지 않을 때, 현재의 교육 방법에서 무엇이 맞지 않는지를 확인하고 고쳐 주려고 하기보다는 야단치는 것을 먼저 생각한다. 그러나 야단쳐서 효과를 볼 수 있는 것은 불과 몇 분이다. '앉으나 서나 당신 생각'이 날 정도로 공부하고 있는 내용에 대해서 생각할 정도가 되면 누구나 우등생이 될 수 있다. 그러나 그런 생각이 들도록 하는 데는 아이들과 과목의 특성에 맞는 교육 내용과 방법을 찾아내 적용해야 한다.

아이들이 어렸을 때에는 재미있게 해 주어야 한다. 재미가 있어야 스스로 하기 때문이다. 입장을 바꿔 생각해 보라. 초등학교 학생에게 '공부 잘해야 훌륭한 사람이 된다'고 하면 그 말이 아이의 가슴에 와 닿을까? 좀 나이가 들어서는 비전을 제시하고, 장기적인 목표를 알려 주어서 스스로 공부를 해야겠다는 마음이 들도록 유도해 주어야 한다.

공부란 억지로 시켜서 되는 것이 아니다. 시켜서 되는 것이라면 눈만 뜨면 '공부, 공부' 소리를 듣고 자라는 우리나라 아이들 가운데 공부 못할 아이는 하나도 없을 것이다. 황보태조 씨의 말대로 아이들은 누가 시켜서가 아니라 스스로 '꿩 새끼를 몰며' 크는 것이다. 이는 교육학에서 말하는 '자율적 학습자'로 키우는 좋은 방법이다.

5. '아시갈이, 재벌갈이 하듯' '친구 이름 익히듯' 학습시킨다

한자 같은 암기 과목은 황보태조 씨가 했듯이 '친구 이름 익히듯', '아시갈이, 재벌갈이 하듯' 지도하는 것이 대단히 효과적이다. 암기가 잘되기 위해서는 우리의 두뇌 속에 정보의 자취가 강하게 남아야 한다. 이를 위해서는 같은 정보를 반복적으로 학습하여 정보의 자취가 점점 더 뚜렷해지고 강해지도록 만들어야 한다. 공부가 어렵거나 지겹다는 생각을 하게 되면 반복적으로 공부하게 되지 않고, 이렇게 되면 정보의 자취를 강하고 뚜렷하게 만들기 어렵다.

친구 이름 익히듯 여러 번 보고 또 보고, 만날 때마다 한 번씩 얼굴과 이름을 듣고 나면 저절로 언젠가는 친구들 이름을 익히게 되는 현상에 착안하여 한자 학습 방법을 도입한 것도 눈에 띈다. 이는 교육학에서 '공부한 시간이 같다면 한 가지를 오랫동안 공부하는 것보다 여러 차례에 나누어 공부하는 것이 더 효과적'이라는 '분산학습' 이론과 심리학에서 말하는 '기억의 원리'를 잘 적용한 방법이다.

6. 가르쳐 보는 것은 매우 효율적인 공부 방법이다

황보태조 씨는 아이들의 수학책을 보고 새로운 공식이 나올 때마다 "아빠는 무슨 말인지 잘 모르겠는데 쉽게 이야기해 줄 수 있겠니" 하고 몇 번씩 졸랐고 아이들은 그것을 아빠에게 설명하기 위해 공부하는 과정에서 그 공식을 완전히 소화해 내곤 했다고 한다.

남에게 무언가를 가르치려면 가르치는 사람이 그 내용을 확실히 파악하고 있어야 한다. 황보태조 씨의 자녀들은 아빠에게 공식을 가르쳐 주기 위해 공부하는 과정에서 어렴풋이 알고 있었던 것을 확실하게 깨우치게 되었을 것이다.

7. 농사짓는 정성으로 자식 농사를 한다

농작물도 종류에 따라 키우는 방법이 다르다. 농부 마음 내키는 대로 비료나 물을 주는 것이 아니라 작물의 특성에 따라 꼭 맞는 방법으로 재배해야 한다. 그러므로 작물의 특성을 잘 파악하기 전까지는 특정 방법이 실패할 수도 있다.

그러나 무슨 일을 하든지 목표를 분명히 하고 실패를 할 때마다 더 나은 방법을 끊임없이 시도한다면 결국은 성공할 것이다. 이렇게 하는 데는 희망과 정성이 필요하다. 한 번의 시도가 실패로 끝났다고 해서 포기하지 않고 계속해서 적합한 방법을 찾아내어 시도하려는 정성과 의지가 있어야 한다.

황보태조 씨는 자식 농사뿐 아니라 농사에도 성공한 분이라고 한다. 무농약 토마토 재배를 위해 연구에 연구를 거듭했다고 한다. 끊임없이 영농 방법을 개선하는데 성공하지 않을 도리가 있겠는가. 자녀 교육에서도 마찬가지로 그는 한 가지 방법을 사용했다가 그것이 효과가 없으면 그 원인을 분석하고 좀 더 개선된 새로운 방법을 찾으려는 노력을 아끼지 않았다. 그러니 그의 5남매가 모두 수재가 된 것은 당연한 일이라고 할 수밖에.

위에서 열거한 것 말고도 황보태조 씨의 성공 요인은 한두 가지가 아니다. 예를 들어 황보태조 씨는 아이들의 정신적 부담을 줄여 주기 위해 "오늘은 익히고 내일은 잊어버려라"라고 늘 말해 주었다고 한다. 아이들을 격려하기 위해 성대한 책거리를 해 주었다든지, 복습보다 예습이 중요하다는 점을 간파하고 예습을 장려했다든지, 아이들이 기대에 어긋나게 행동했을 때 벌컥 화를 내지 않도록 '나 같은 사람은 나밖에 없다'는 주문을 외웠다든지 하는 것도 높이 살 만한 점이다.

이 책에서 제시된 여러 자녀 교육 방법은 '국제수학·과학올림피아드 수상자'들을 대상으로 한 여러 연구에서 종종 확인된 방법이다. 즉, 국제적인 연구를 통해서 이미 확인된 신뢰할 수 있는 효과적인 방법이다. 저자는 체계적인 연구를 하지는 않았지만, 이미 연구를 통해서 확인된 방법들을 스스로 체득하여 실천했고, 이에 대해 구체적으로 기술하고 있어, 일반 부모들이 이해하기가 무척 용이하다.

급변하는 현대 사회를 살아가는 젊은 부모들이 이 책을 접할 수 있게 된 것은 행운이다. 이 책은 농사짓는 농부처럼 '아이의 특성에 맞추어 때를 놓치지 않고' 꼭 필요한 말과 행동을 실천하는 부모가 되는 법을 깨닫고 실천할 수 있게 해줄 것이다.

2권 차례

머리말 | 나는 청개구리 아빠
들어가는 글 | 현명한 어부는 고기에 맞춘다

1. 아빠, 벌써 까먹었나?
성적을 올려 주는 학습의 디테일

먼저, 아이의 마음을 살피자 | 학교 수업, 우습게 보지 마라 | 질문 잘하는 아이로 키우자 | 듣기도 하시고 묻기도 하시니 | 아빠, 벌써 까먹었나? | 아이에게 심심할 틈을 주자 | 한두 개는 틀렸으니 찾아봅시다 | 딸의 보물찾기, 이제는 손주가 | 공부는 엉덩이로 한다? | 아버지가 자상하면 자녀 성적 좋아진다?

2. 아이들은 아는 이야기를 더 좋아한다
우리 아이 책맛 들이기

사람은 누구나 이야기를 좋아한다 | 아이들은 아는 이야기를 더 재미있게 읽는다 | 얘들아, 서점 가자! | 우리 손주, 책맛 들이기 | 우리는 왜 울면서 고추를 먹었나 | "책 속에 아버지가 있었다"

3 수학은 부모가, 영어는 듣기부터
부모와 함께 하는 영어·수학 공부

수학의 시작은 꼭 엄마 아빠가 | 아이들의 학습 노트를 정기적으로 살펴보자 | 미국에서는 거지도 영어를 한다는데…

4 칭찬도 기술이다
변화를 부르는 칭찬의 놀라운 힘

선생님, 정말 고맙습니다 | 칭찬도 기술이다 | 떡짐을 지고 가는 어떤 아이 이야기

5 식물도 운동을 해야 한다
농부라서 깨달은 것들

식물도 운동을 해야 한다 | 파종하기 전 잡초를 제거하는 농부의 지혜 | 농사도 교육도, 참아야 한다 | 토마토 곁순을 자르는 까닭 | 도시에만 가면 아이들이 공부를 잘할까? | 상처 입은 풀잎은 이슬을 맺지 않는다 | 인생은 과연 마라톤일까? | 저는 악보를 읽을 줄 모르는 문맹자입니다 | 사람도 쌍떡잎식물이다

6 새들이 알을 품을 때 씨앗을 뿌려라
살며 사랑하며

새들이 알을 품을 때 씨앗을 뿌려라 | 고향을 담아 오시다 | 우리 아이들에게 자긍심을 심어 주자 | 유식한 사람보다 지혜로운 사람이 되어야 | 내 마음을 녹여 준 여학생의 한마디 | 이상한(?) 할머니의 따뜻한 가르침 | 바보 노루를 보며 나를 돌아보다

7 옛 고전에 나타난 신의 손가락
성경, 우리의 오래된 미래

한가위만 같아라 | 땅도 쉬어야 한다 | 옛 고전에 나타난 신의 손가락

맺는말 | 한 마리 고양이에 대한 어릴 적 기억
추천의 말 | 놀라운 '가슴높이' 자녀 교육법_ 조석희(미국 세인트존스대학 교수)